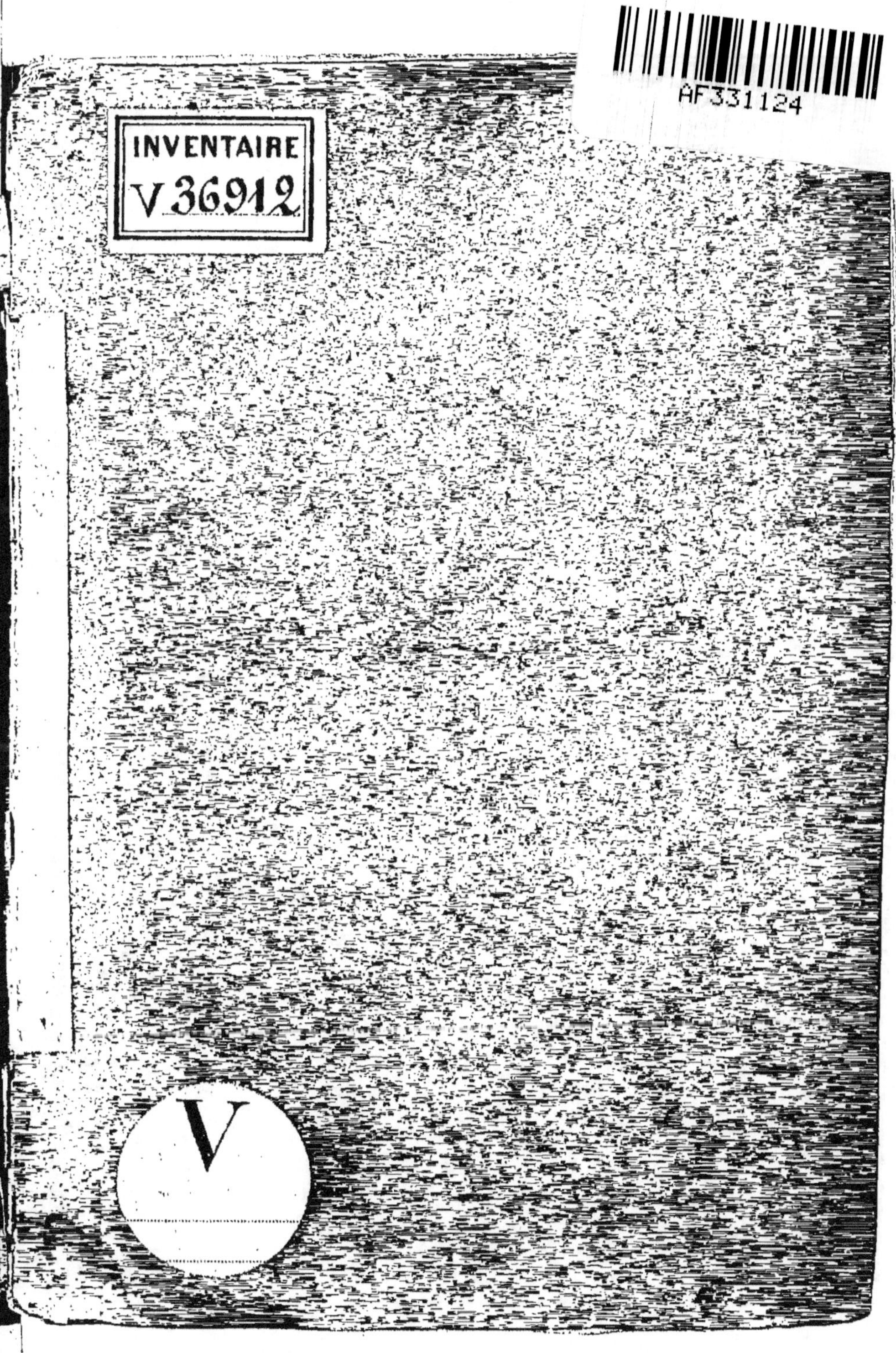

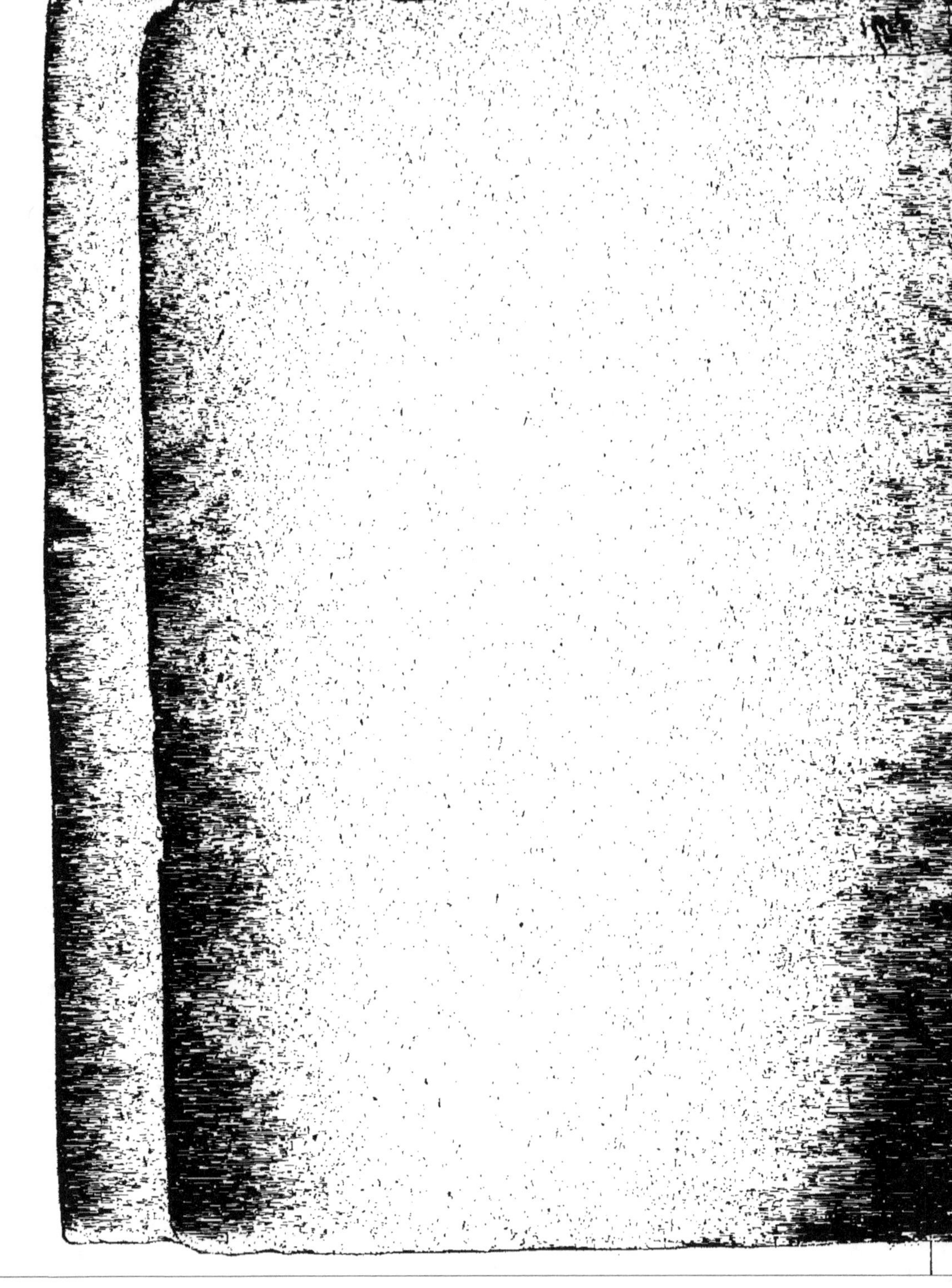

JEU
DE LA BATAILLE,

OU

DE SA COMPOSITION, DE LA MANIÈRE D'Y JOUER
ET DE SES RÈGLES;

Accompagné d'une préface et de notes, dans lesquelles sont indiqués les rapports de sa composition avec la composition européenne moderne, de ses règles avec les principes stratégiques, de ses effets avec les faits militaires qui se passent sur un champ de bataille.

PAR

L. DOUCE.

A PARIS,

Libraire, Galerie de Valois,
Palais-Royal.
rue du Cimetière-St-Nicolas

1841.

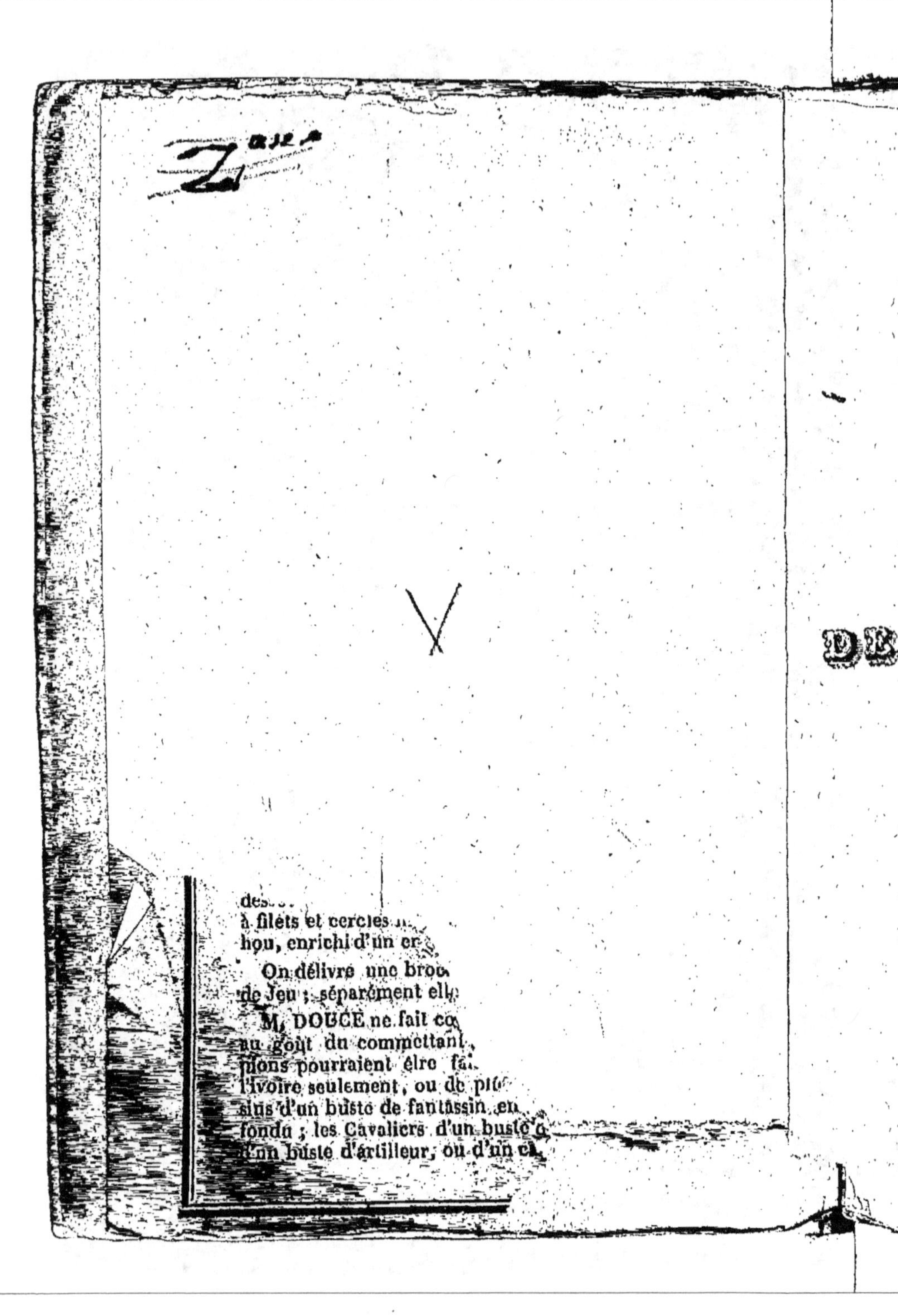
des...
à filets et cercles ...
hou, enrichi d'un cr...
On délivre une brou...
de Jeu ; séparément ell...
M. DOUCE ne fait co...
au goût du commettant,
...ons pourraient être fa...
l'ivoire seulement, ou de pl...
...sus d'un buste de fantassin en
fondu ; les Cavaliers d'un buste...
...un buste d'artilleur, ou d'un c...

JEU

DE LA BATAILLE.

JEU

DE LA BATAILLE,

OU

EXPOSITION DE SA COMPOSITION, DE LA MANIÈRE D'Y JOUER
ET DE SES RÈGLES;

Accompagnée d'une préface et de notes, dans lesquelles sont indiqués les rapports de sa composition avec la composition de
l'armée européenne moderne, de ses règles avec les principes
de la Tactique, de ses effets avec les faits militaires qui se
passent sur un champ de bataille.

PAR

L. DOUCE.

A PARIS,

Chez DELAUNAY, Libraire, Galerie de Valois, au
Palais-Royal.

Et chez l'Auteur, rue du Cimetière-St-Nicolas, 12 et 14.

— 1841. —

Il ne suffit pas, pour s'assurer la victoire, de mener au combat des soldats brûlants de patrio-tisme, valeureux et aguerris; il importe au même degré de savoir diriger avec habilité et prompte-ment faire agir les divers corps militaires qui doivent concourir à l'acte de la bataille : alors seulement, si d'ailleurs on n'a à sa disposition un matériel de guerre suffisant, un assez grand nombre de baïonnettes et que l'on ait su choisir son terrein et en tirer partis, on pourra fixer de son côté le bonheur et la gloire d'illustrer son drapeau, de faire triompher sa patrie. Un jeu qui atteindrait ce but, de familiariser avec cette partie de l'art du tacticien, serait un jeu utile à l'homme de guerre, et plus utile encore à ses concitoyens, à cause de la supériorité que pour-rait faire refluer sur leurs armes son habitude d'y jouer bien et avec promptitude.

Mais le jeu des Échecs, bien qu'il soit un jeu militaire et une école de tactique, n'offre, rela-tivement à notre mode d'organisation militaire

et aux mouvements exécutés par chaque corps
d'armée, qu'une imitation incohérente, (si même,
sous ce rapport, il réalise une imitation,) et il
ne produit, dans l'exécution, qu'une ordre de
faits peu d'accord avec le caractère réel des
faits généraux ou spéciaux, accomplis sous la
dictée d'une tactique qui embrasse à la fois un
vaste ensemble et ses nombreux détails. Ce jeu,
indépendamment de ce que ses jouteurs, parmi
lesquels on peut à peine excepter le Cavalier et
le Pion, n'ont aucun rapport sensible avec les
corps militaires de l'armée européenne moderne,
ne représente pas, par la valeur absolue et le
nombre de chaque espèce de jouteurs, la valeur
absolue et le nombre de chaque espèce de corps
qui la constitue; et le vice même de ses règles,
autant que celui de sa composition, fait qu'il est
loin de simuler avec précision les mouvements
réels que, sur un champ de bataille, on fait exécuter par la Ligne, l'Artillerie et la Cavalerie,
pas plus que l'ordre des faits positifs qui résultent
du conflit des troupes ennemies, en raison de la
supériorité ou de l'infériorité numérique des
combattants mis en lutte sur tel point plutot que
sur tel autre. Et son grand défaut est qu'il ne
donne pas le système de division du campement:

en Centre, Droite, Gauche et Réserve, chose
néanmoins très-importante, puisque c'est le seul
moyen d'habituer l'esprit à saisir dans toute son
étendue, en même temps que dans tous ses
détails, la série des faits qui peuvent s'accomplir
sur un champ de bataille.

Il est constant qu'il nous manquait un jeu
approprié, quand à sa composition, à notre
système d'organisation militaire, et qui, par la
nature de son principe et l'esprit de ses règles,
offre l'avantage de pouvoir servir, assez exacte-
ment du moins, d'école pratique de l'art militaire,
pris sous le point de vue de la tactique, c'est-à-
dire, des faits qui se passent ou qui peuvent se
passer durant le cours d'une bataille.

Nous pouvons affirmer (toutefois sans préten-
dre par là nous flatter d'avoir conçu ce que l'on
peut imaginer de mieux en ce genre,) que le jeu
de la Bataille prête avec beaucoup de précision
à l'imitation de la manière actuelle de faire la
guerre en Europe; surtout qu'il est d'une exacte
ressemblance, sous le rapport des divisions du
campement et des trois espèces de corps qui
composent l'armée moderne. En effet, la table
du jeu ou le champ est divisé en deux camps;
chaque camp, en quatre autres divisions: en

Centre, Droite, Gauche et Réserve; et trois espèces de pions ou joueur, dont la valeur et le nombre sont judicieusement déterminés (v. n. 1) représentent la Ligne ou l'Infanterie, la Cavalerie et l'Artillerie.

Mais il faut pouvoir ajouter, ou ces qualités que nous venons d'énumérer seraient peu de chose, que les mouvemens exécutés par les pions ou joueurs simulent les mouvemens que l'on fait opérer sur le champ de bataille par les corps d'armée, aussi bien du moins qu'il paraît possible de les simuler par l'exécution d'un jeu; que les règles sont conçues et ordonnées de telle manière qu'on peut, en jouant bien, réaliser une application pratique des préceptes prescrits par une tactique éclairée et prudente, relativement à l'usage qu'on doit faire des forces militaires, et qu'elles engendrent l'imitation exacte des faits qui se passent, lorsqu'on engage un combat, et de ceux qui résultent d'un engagement partiel ou général, dont le dénouement se déclare.

Il est deux autres forces qui exercent une grande influence sur les champs de bataille : l'intrépidité des combattans et l'avantage ou le désavantage que présentent les accidens du terrain sur lequel l'action est engagée; mais on

comprend qu'il est impossible de les faire figurer
dans un jeu, la première du moins, tout parfait
que ce jeu puisse être. Inspirer de la confiance
aux soldats qu'on commande et avoir le don de
les électriser à propos, par l'exemple, par une
parole; prendre des positions avantageuses, en
tirer habilement parti, et savoir exploiter celles
qu'occupe l'ennemi, sont deux choses que la
théorie n'enseigne pas : le génie seul donne ces
grandes qualités, qui sont l'apanage de l'homme
capable de s'élever au rang de capitaine illustre.
Un jeu, quel qu'il soit, ne pourra jamais servir
qu'à donner le talent de profiter, en temps utile,
du moment où l'on peut porter plus de forces
sur un point, pendant qu'un autre est moins
exposé ou ne l'est pas, et, chose essentielle,
cette pensée rapide qui sait diriger prompte-
ment et simultanément, toutefois sans les com-
promettre, les divers corps d'armée qu'on a à
ses ordres. Certes, si le Jeu de la Bataille
méritait d'être regardé par les hommes de l'art
comme ayant atteint, sinon complètement,
du moins approximativement ce double but,
nous aurions le plaisir de pouvoir nous dire
qu'il n'a pas seulement le mérite de servir
comme moyen d'amusement ou de récréation,

mais celui de servir comme moyen d'instruction. D'ailleurs, à tout prendre, si les hommes de l'art ne lui reconnaissent pas ce dernier titre, le public ne lui déniera pas le premier: on conviendra au moins, il est à croire, que nous avons bien mérité des amateurs, en leur fournissant un moyen de plus pour varier les plaisirs que procure le jeu.

Cependant bien que ce soit très-imparfaitement, la configuration physique du lieu, considérée sous le double rapport de son utilité et de ce qu'elle peut offrir de dangers, est représentée par les quatre Réserves et les deux Faibles.

Nous le nommons Jeu de la Bataille; on pourrait avec autant de raison l'appeler Jeu Militaire, Jeu du Général : mais nous pensons qu'on doit préférer ce nom, puisque, chaque fois qu'on joue une partie, on est censé livrer une bataille, dans laquelle à la vérité on ne dépense ni hommes ni boulets. Aussi des batailles de cette sorte seraient par trop innocentes en certains temps, quand il s'agirait pour une nation et ses gouvernants de venger un ou plusieurs outrages, ou de défendre des intérêts légitimes d'une immense importance : en des cas semblables, ce n'est pas seulement l'amour-propre, l'intérêt, l'honneur, mais la voix impérieuse du devoir qui commanderait de livrer de celles où l'on fait manœuvrer, au lieu de fantassins, de cavaliers et de canons de bois, des régimens de soldats et des canons de bronze. Dût-on être vaincu, on aurait au moins le mérite d'avoir combattu pour la défense de son honneur ou de ses droits, en disputant la victoire, et de léguer à la postérité un exemple sublime de plus : l'exemple d'un peuple qui va consommer toute l'énergie de son patriotisme et de sa grandeur d'âme sur les champs de bataille, avant de se résigner à subir l'outrage fait à sa dignité, ou la tyrannie que lui imposent de machiavéliques oppresseurs !

Enfin, quant à ce qui nous touche très-particulièrement, nous formons le vœu, comme tout individu qui livre ses conceptions au jugement du public, que cette invention ne soit pas trouvée indigne de notre époque, marquée dans tous les genres par un progrès si éminent. Du reste, si elle n'est pas conduite à perfection, quelqu'un plus habile se chargera, on peut l'espérer du moins, de la perfectionner : il nous resterait ainsi, jointe à la satisfaction de l'avoir créée dans le but d'obtenir un jeu, instructif en même temps qu'amusant, qui puisse servir sous quelques rap-

ports d'école pratique de l'art militaire, la satisfaction non moins grande d'avoir concouru à
ane œuvre achevée, par un essai que peut-être
nous n'avons pas eu le talent d'enrichir de tous
les développemens que le système du jeu peut
permettre, ou qui, sous un autre rapport, sous
le rapport de l'imitation, manque en plusieurs
points de la précision qu'on peut atteindre.

JEU
DE LA BATAILLE.

PREMIÈRE PARTIE.

EXPOSITION

DE LA COMPOSITION DU JEU ET DE LA MANIÈRE D'Y JOUER.

I.

PIONS.

1. Les pions ou jouteurs sont de trois sortes, et ils se nomment la Légion ou le Fantassin, l'Escadron ou le Cavalier, la Batterie ou le Canon; leur nombre est de cent, dont cinquante blancs et cinquante noirs.

Les cinquante pions de chaque couleur comprennent trente-six Légions, huit Escadrons et six Batteries.

II.

IMMOBILES.

2. Six autres pièces qu'on ne doit pas appeler du nom générique de pion, puisqu'elles ne figurent, dans les deux camps, que comme des positions in-

variables, simulant les configurations physiques,
avantageuses et les configurations physiques défavo-
rables qui peuvent se rencontrer sur un champ de
bataille : ce sont les quatre Préserves et les deux
Faibles.

Les Préserves sont de couleur rouge, et les deux
Faibles, l'un blanc et l'autre noir.

Ces six pièces doivent-être appelées du nom générique : Immobiles, puisqu'en effet elles doivent
rester constamment fixée sur les mêmes points,
pendant toute la durée de la partie.

III.

VALEURS DES PIONS.

3. En valeur absolue, le Fantassin vaut un, le
Cavalier vaut deux, le Canon vaut trois. Ainsi, le
Cavalier égale en puissance deux Fantassins ; le ca-
non égale trois Fantassins, ou un Cavalier et un
Fantassin.

IV.

COMPOSITION DU CHAMP.

4. La table à jour, c'est-à-dire le champ, doit-être
composée de manière à former deux camps, séparés par la ligne A B (voyez pl. 1, fig. 1), appelée
ligne d'attaque.

Onze lignes parallèles et à égale distance l'une
de l'autre, coupées perpendiculairement par treize
autres lignes, également parallèles entr'elles et à

égale distance l'une de l'autre, forment avec celles-ci cent quarante-trois points d'intersection, sur lesquels doivent-être placés les pions et les immobiles. Les carrés formés par ces vingt-quatre lignes parallèles sont divisés diagonalement par dix et douze, c'est-à-dire vingt-deux autres lignes, se coupant également entr'elles à angle droit, et au centre de chaque carré formé par les lignes perpendiculaires, et sur les points d'intersections formés par celle-ci.

Nous appelons les premières : lignes perpendiculaires, parce qu'en effet, prenant pour point de comparaison les lignes qui dessinent les côtés du champ, on les trouve, les unes perpendiculaires aux deux grands côtés, les autres perpendiculaires aux deux petits côtés. Mais nous appelons les secondes : lignes obliques, puisque, comparées à un quelconque, des côtés du champ, ou aux lignes que nous appellons perpendiculaires, toutes ont en effet une direction oblique.

On pourrait appeler aussi les unes : lignes de côté, puisqu'elles forment des carrés dont les autres sont les diagonales, et celles-ci : lignes diagonales, puisqu'elles donnent les diagonales des carrés formés par les lignes de côté.

5. Chaque camp est divisé en quatre sections : en centre, droite, gauche et réserve.

Les trois divisions voisines de la ligne d'attaque,

dans chacune desquelles sont compris neuf points d'intersection marqués d'un petit cercle noir, voisins et groupés trois sur trois, représentent, dans chaque camp, les trois sections : Centre, Droite, Gauche.

La ligne perpendiculaire, sur laquelle, dans chaque camp, sont marqués neuf petits cercles noirs, séparés trois par trois par un point d'intersection non marqué d'un cercle, est la ligne qui représente la section de la réserve.

V.

COMMENT ON PLACE LES PIONS, ET DE QU'ELLE MANIÈRE ON DOIT LES JOUER, MÉCANIQUEMENT.

6. Les pions, quels qu'ils soient, doivent être placés sur les points d'intersection que les lignes perpendiculaires forment en se coupant.

Ils se jouent à volonté, en avant ou en arrière, à droite ou à gauche, dans la direction d'une des lignes perpendiculaires qui partent du point d'intersection sur lequel est placé le pion qu'on joue, ou qui se coupent en ce point ; soit encore, en suivant la direction de la ligne oblique, ou de l'une des lignes obliques qui passent par ce point, si l'on a décidée que l'on pourrait à son gré jouer dans l'une ou dans l'autre des deux directions.

Comme on peut jouer avec ou sans les Préserves et les Faibles, nous dirons tout ce qui concerne chacune des deux espèces d'immobiles, dans l'article spécial consacré à indiquer sa place, sa destination et son rôle.

VI.

DU MODE D'ACTION, ET DES DIFFÉRENTES ESPÈCES DE LUTTES.

7. Les pions adverses, c'est-à-dire de couleur différente, n'ont action les uns sur les autres que lorsqu'ils sont en opposition sur des lignes perpendiculaires voisines, et sur des points directement alliés.

Un point est directement allié à un autre point, quand l'un et l'autre ne sont séparés par aucun point d'intersection, formé par des lignes perpendiculaires, et que d'ailleurs ils sont sur la même ligne. Mais deux points ne sont qu'indirectement alliés, quand, bien que sur la même ligne, ils sont séparés l'un de l'autre par un ou plusieurs points d'intersection formés par des lignes perpendiculaires.

L'action des pions adverses, placés comme nous disons sur des lignes perpendiculaires voisines, et sur des points directement alliés, s'exerce, non seulement dans la direction des côtés des carrés formés par les perpendiculaires, mais aussi suivant la direction des diagonales de chaque carré.

Le système d'action embrasse donc deux modes:

2

le mode perpendiculaire, ou celui qui agit dans la direction des lignes perpendiculaires; le mode oblique, ou celui qui agit dans la direction des lignes obliques.

En conséquence, un pion noir situé, par exemple, sur le point d'intersection a, (v. pl. 1 fig. 1) pourrait être attaqué et mis en lutte par autant de points qu'il y a de points d'intersection, formés par des perpendiculaires, directement alliés au point a, c'est-à-dire par des pions adverses, placés sur les points b, c, d, e, f, g, h, i; ou, si les autres points étaient occupés par des pions noirs ou inoccupables par des pions blancs, le pion noir placé en a, ne pourrait-être attaqué que par trois ou deux pions blancs, placé, par exemple, en f, e, d, ou c, d: il ne pourrait être mis en lutte qu'avec un seul pion blanc, si le point e, par exemple, pouvait seul être occupé par un pion adverse.

Suivant ce mode général d'action, un pion peut être attaqué par huit point différents; lorsqu'il est en plein champ; par cinq seulement, lorsqu'il occupe un point situé sur un des côtés du champ; par trois seulement, s'il occupe un des quatre angles du champ.

8. Mais l'attaque et, conséquemment, la lutte peuvent être, ou simples, ou complexes. L'attaque est simple toutes les fois qu'un seul pion adverse est

mis en lutte, sur un point directement allié, avec un ou même plusieurs pions adverses; elle est complexe ou combinée toutes les fois que plusieurs pions adverses sont mis en opposition, sur des points directement alliés, a plusieurs pions adverses; par exemple: les pions blancs a', b', c', d', e', f', g', h', en opposition aux pions noirs r, s, t, u, v, x, y, z, forment avec ceux-ci une lutte complexe, et, reciproquement, les pions noirs avec les pions blancs.

9. La lutte est dite équivalente, lorsqu'un Fantassin est mis et reste en opposition à un Fantassin; un Cavalier à un Cavalier ou à deux Fantassins; un Canon à un Canon, soit à un Cavalier et à un Fantassin, soit à trois Fantassins. Elle est dite inférieure, pour l'un des joueurs, et supérieure pour l'autre, lorsqu'un Fantassin est mis et reste en opposition à deux Fantassins, soit à un Cavalier, soit à un Canon; lorsqu'un Cavalier est mis et reste en opposition à un Canon, soit à un Cavalier et un Fantassin, soit à trois Fantassins; lorsqu'un Canon est mis et reste en opposition à un Canon et à un Fantassin, soit à deux Cavaliers, soit à un Cavalier et à deux Fantassins, soit à quatre Fantassins.

On dit qu'il y a échec ou perte, quand on demeure en lutte inférieure; qu'il y a avantage ou gain, quand on demeure en lutte supérieure.

VII.

ORDRE DE POSITION SUIVANT LEQUEL LES PIONS DOI-
VENT ÊTRE DISTRIBUÉS DANS CHAQUE CAMP, AVANT
DE COMMENCER LA PARTIE.

10. Dans chaque camp, les Fantassins doivent être placés sur les points marqués d'un petit cercle noir ; les Cavaliers et les Canons seront distribués, savoir : quatre Canons sur les points 1, 2, 3, 4 ; six Cavaliers sur les points 5, 6, 7, 8, 9, 10 ; les deux batteries de la réserve sur les points 11 et 12, et les deux escadrons sur les points 13 et 14 *.

11. Cependant on pourra convenir de disposer à son gré, sans tenir compte de ce qui est prescrit à ce sujet dans l'article précédent, les Canons et les Cavaliers sur tels points qu'on voudra leur faire

*. Chacune des deux Batteries de la Réserve se dis-
tingue des autres par un petit cône qui termine sa tige,
au moyen du quel on peut l'ajuster avec un Cavalier,
lorsqu'on fait redoute (V. art. 15) ; et chacun des deux
Cavaliers a sa tige percée par sa base, d'un trou co-
nique propre à recevoir le cône de la batterie. De plus
les Cavaliers sont distingués des autres, pour être plus
facilement reconnus, les blancs par une petite mouche
noire, les noirs, par une petite mouche blanche, in-
crustée au centre du bouton qui forme le sommet de la
ge.

occuper parmi ceux qui ne sont pas marqués d'un cercle.

Mais, en ce cas, l'un des joueurs devra placer le premier ses Cavaliers et ses Canons, afin que l'autre puisse calculer un système de positions réglé sur celui que son adversaire adopte. Et le sort décidera de l'obligation de placer le premier ses Cavaliers et ses Canons, si on n'en décide d'un commun accord.

DEUXIÈME PARTIE.

Règle du Jeu.

I.

DES DEUX GENRES DE DIRECTIONS QUE L'ON PEUT SUIVRE DANS LA MANIÈRE DE JOUER MÉCANIQUEMENT.

12. On doit décider, avant de commencer la partie, si l'on peut jouer à volonté dans les deux directions, c'est-à-dire en suivant à son gré les lignes obliques ou les lignes perpendiculaires, ou si l'on joue seulement dans la direction des lignes perpendiculaires.

La première manière de jouer, rend l'exécution plus compliquée et les combinaisons plus variées, tandis que le second mode, étant plus simple, rend l'une plus facile et les autres moins nombreuses.

II.

SUR QUEL POINT S'ENGAGE L'ACTION.

13. L'action peut s'engager sur un quelconque des points de la ligne d'attaque, A. B. ; et celui des deux joueurs qui doit jouer le premier, la commence en portant un des pions qui forment sa ligne de front sur un des points de celle-là.

III.

IL PEUT Y AVOIR OBLIGATION POUR UN DES DEUX JOUEURS DE COMMENCER LA PARTIE.

14. On tire au sort l'obligation de commencer la partie, si l'un des deux joueurs ne veut, de bon gré, la commencer le premier, avec le consentement de l'autre.

IV.

QUEL NOMBRE DE PIONS IL EST FACULTATIF DE JOUER CHAQUE FOIS QUE REVIENT LE TOUR DE JOUER.

15. On peut jouer à un seul pion par tour ; et le tour de jouer revient alternativement.

16. Cependant, on pourra, et ce serait mieux, jouer à deux, à trois, à quatre pions par tour, au lieu de jouer à un seulement ; mais ceci, quant au nombre précis, devra être décidé d'un accord unanime par les deux joueurs, avant de commencer la partie.

Lorsqu'on joue à plusieurs pions par tour, l'article 39 doit être abrogé : c'est-à-dire que, si l'on joue à deux pions par tour, on retire, faisant retraite, deux pions seulement, trois ou quatre pions, si l'on joue à trois ou quatre pions par tour.

Bien que l'on joue à plusieurs coups par tour, c'est-à-dire à plusieurs pions, le même pion ne pourra être joué qu'un seul coup par tour, c'est-à-dire une seule fois.

V.

DU MOUVEMENT DES PIONS.

17. Tout pion peut se jouer d'un camp dans l'autre, d'une division de camp dans une autre division du même camp ; et on le porte du point occupé sur un quelconque des points occupables, situés sur la longueur de l'une des deux espèces de lignes qui partent du point d'intersection sur lequel il est placé.

Mais le Canon et le Fantassin ne pourront être joués, d'un seul mouvement, plus loin que le quatrième point, à compter celui qui est occupé par le pion qu'on joue, lorsqu'on joue dans la direction d'une ligne perpendiculaire, ni plus loin que le troisième point, si l'on joue dans la direction d'une ligne oblique : c'est-à-dire qu'on peut, d'un seul mouvement qui compte pour un pion ou un coup joué, porter un Canon ou un Fantassin, en avant ou en arrière, à droite ou à gauche, ou sur un premier, ou sur un second, ou sur un troisième point allié de celui sur lequel est placé le pion qu'on déplace, et cela, lorsqu'on suit la direction d'une ligne perpendiculaire ; tandis que l'on ne peut porter l'un ou l'autre que sur un premier point directement allié, ou sur un second point indirectement allié, si l'on suit la direction d'une ligne oblique. Et le Cavalier pourra être porté , d'un seul mouvement qui ne compte non plus que pour un pion ou un coup joué , du point occupé sur le cinquième point allié, lorsqu'on suit la direction des lignes perpendiculaires , mais seulement sur le troisième point allié , lorsqu'on joue dans la direction des lignes obliques. Du reste , comme le Fantassin et le Canon, le Cavalier peut être joué à volonté sur l'un quelconque des cinq ou trois points alliés qui se succèdent à la suite du point occupé. Cette manière de jouer les pions en suivant une seule ligne droite , se nomme la manière droite.

Egalement les trois espèces de pions pourront être joués angulairement: c'est-à-dire (v. pl. fig. f. 1) qu'on pourra porter un pion-cavalier , par exemple, du point 5 sur le point 2, ou sur un des points intermédiaires, en passant par le point 1, lorsqu'on joue dans la direction perpendiculaire; du point 6, par exemple, au point 5, en passant par le point 9, lorsqu'on suit la direction oblique. Egalement on pourrait jouer un Fantassin ou un Canon du point s, par exemple, sur le point d', en passant par le point b', lorsqu'on joue suivant la direction des lignes perpendiculaires, ou sur le point u, en passant par le point c', lorsqu'on joue dans la direction des lignes obliques. Cette manière de jouer se nomme la manière angulaire.

Il sera facultatif de jouer, à volonté, son coup

ou son pion d'un seul mouvement, ou suivant la manière droite, ou suivant la manière oblique.

18. Nul pion ne peut être porté sur un point indirectement allié dont il est séparé par un autre pion, en d'autres termes : un pion quelconque ne peut être joué par-dessus un autre pion, que celui-ci soit ou non un pion adverse, dans le but de le porter d'un seul mouvement au-delà du pion intermédiaire pardessus lequel on devrait traverser en jouant.

19. Lorsque sur un ou plusieurs points successifs d'une ligne perpendiculaire vient se concentrer l'action d'un ou de plusieurs pions adverses, d'une valeur supérieure ou simplement équivalente à la valeur d'un pion qu'on voudrait faire traversèr sur ce point ou ces points, on ne peut se porter au-delà du point sur lequel se concentre l'action du pion ou des pions adverses; mais toutefois on peut le fixer sur ce point, à la charge de le couvrir ou d'en faire retraite en jouant à son tour subséquent. Si, par exemple, sur le point h, se trouvait placé un Canon adverse, un autre Canon adverse posté sur le point 3 ne pourrait être porté que sur le point p, et non sur le point n; de même, si les points h, g, f étaient occupés par trois Fantassins adverses, il pourrait être porté sur le point m ou sur le point n, si en g était placé un Cavalier adverse et en h un Fantassin.

Et, dans la direction oblique, si l'on jouait par exemple une Batterie située en *h*, on ne pourrait la porter que sur le point *p*, et non sur le point *o*, puisque sur le point *3* est postée une Batterie adverse, dont l'action vient se concentrer perpendiculairement sur le point *p*, par où devrait passer la Batterie qu'on voudrait transporter sur le point *o*.

20. Mais, lorsque le pion ou les pions adverses, dont l'action vient se concentrer sur un ou plusieurs points de la ligne qu'on veut parcourir, sont d'une valeur inférieure à celle du pion qu'on désire jouer, on a le droit de traverser sur cette ligne, jouant un Cavalier ou un Canon, jusque sur le point auquel est directement allié, dans le sens de la direction perpendiculaire, celui sur lequel est placé un pion adverse ou le premier d'une file de pions adverses équivalens : par exemple, un Cavalier situé sur le point 5 pourrait être porté sur le point 6, point opposé à celui occupé par un Cavalier adverse situé sur le point 2, bien que sur un des points intermédiaires vienne se concentrer l'action d'un Fantassin adverse; également un Cavalier situé sur le point *r* pourrait être porté sur le point *x*, quoique sur chacun des points *b'* et *e'* serait placé un Fantassin adverse. En général, si l'on ne peut franchir les points sur lesquels vient se concentrer l'action d'un ou de plusieurs pions adverses, lorsque leur valeur dépasse ou égale simplement la valeur du pion

qu'on voudrait faire traverser, on peut au contraire franchir un ou plusieurs points consécutifs ou détachés, si l'action qui s'exerce sur ce point ou ces points est inférieure en valeur à celle du pion qu'on veut faire traverser par ces points.

VI.

MANIÈRE DE FORMER UNE LUTTE COMPLEXE.

21. Supposons qu'il s'agisse de former, par exemple, la lutte complexe représentée figure 1, planche 2, et que le joueur qui joue avec les pions blancs commence l'attaque, voici comment on s'y prendrait. Le joueur *n*, (nous appelons de ce nom celui qui joue avec les pions noirs,) avance la Batterie *n* 3 sur le premier point, et le joueur *b*, (nous appelons de ce nom celui qui joue avec les pions blancs,) joue à son tour sur un autre point. Ensuite revient le tour de jouer du joueur *n*, et il avance le Cavalier *n* 2 sur le deuxième point; puis son adversaire *b* joue de nouveau à son tour. Après que le joueur *b* a joué, le joueur *n* joue de nouveau et avance le Fantassin *n* 1 sur le troisième point. On joue toujours ainsi, alternativement, en ajoutant à la lutte un nouveau pion chaque fois que l'on joue à son tour, jusqu'à ce qu'elle soit devenue complète.

Cependant, dans le cas où on jouerait à plusieurs pions par tour, on pourrait ajouter à la lutte plusieurs pions, chaque fois que le tour de jouer reviendrait ; mais on ne serait pas moins tenu de se conformer, pour chaque pion joué sur le même point, aux formules de la division *b* de l'article qui va suivre celui-ci, soit de l'article 22.

La lutte complexe est complète dans les deux cas suivans : lorsque les joueurs ne peuvent plus, ni l'un ni l'autre, y faire concourir de nouveaux pions, faute de points occupables ou de pions disponibles, ou quand, un des deux étant devenu supérieur, l'autre est dans l'impuissance de rétablir l'égalité de nombre dans la valeur additionnée de ses pions lutteurs, ou qu'il ne peut couvrir en se conformant aux données de la division *b* de l'article 22. (V. note 3.)

Il s'établit des luttes complexes différentes, quant à la forme, de celles que nous avons représentées dans les figures de la première et de la deuxième planche : ce sont celles dont les pions adverses sont entremêlés sur la même ligne ou sur plusieurs lignes successives ; mais, comme la manière de les former est la même et qu'elles reproduisent les mêmes combinaisons de forces, il serait superflu d'en donner des modèles.

VII.

RÈGLE A SUIVRE, SOIT LORSQU'ON COMMENCE, SOIT LORSQU'ON ÉTEND UNE LUTTE COMPLEXE.

22. *a.* On a le droit, lorsqu'on commence une lutte complexe, de mettre en lutte inférieure le

premier pion joué, à la différence d'un en valeur, si l'on oppose à un ou deux pions qui valent deux en valeur;

A la différence de deux en valeur, si l'on oppose à un ou plusieurs pions qui valent trois ou quatre en valeur;

A la différence de trois en valeur, si l'on oppose à deux ou plusieurs pions qui valent cinq ou six en valeur.

b. Pour enlever droit de prise à son adversaire, on doit couvrir et se conformer en couvrant aux données suivantes :

Si l'excédant est un et que le pion adverse qui prend action sur le second pion qu'on joue vaille un, on conserve le droit de couvrir d'un troisième pion, bien qu'on reste inférieur d'un en valeur;

Si l'exédant est un, ou deux, et que le pion ou les pions adverses qui prennent action sur le second pion qu'on joue vaillent trois, ou deux, on conserve le droit de couvrir d'un troisième pion, bien qu'on reste inférieur de deux en valeur;

Si l'excédant est un, ou deux, ou trois, et que le pion ou les pions adverses qui prennent action sur le second pion qu'on joue vaillent cinq, ou quatre, ou trois, on conserve le droit de couvrir d'un troisième pion, bien qu'on reste inférieur de trois en valeur.

Ces formules s'appliquent au troisième pion

qu'on joue, comme au second, au quatrième, au cinquième, etc.

c. Mais, du moment qu'on attaque sans observer l'article *a* de la règle, ou que l'on couvre sans observer l'article *b*, on donne à l'adversaire droit de prise; et il l'exerce conformément aux données des articles 30, 31 et 35.

d. Quand il n'y a pas d'excédant du côté de l'opposant, on couvre suivant les formules de l'article *a* de la règle : c'est-à-dire que, si le pion ou les pions adverses qui prennent action sur le nouveau pion qu'on joue ont une valeur de deux ou de trois, on peut se trouver inférieur d'un ou de deux en valeur; s'ils ont une valeur de quatre, on peut se trouver inférieur de deux; s'ils ont une valeur de cinq ou de six, on peut se trouver inférieur de trois. (V. note 4.)

VIII.

DISPOSITIONS RELATIVES AUX DIVERSES SORTES D'ATTAQUE OU DE LUTTES.

23. Quand le joueur qui s'est mis en lutte inférieure pour un premier pion joué ne couvre pas d'un second pion, alors qu'il joue à son tour subséquent, l'adversaire a droit de prise; et, s'il cesse de couvrir dans la lutte, chaque fois qu'il joue à son tour, par un troisième pion, par un quatrième, par un cinquième, etc., jusqu'à ce qu'il ait établi une lutte équivalente, l'adversaire a également

droit de prise, du moment que l'on a joué le nombre complet de pions qui se jouent par chaque
tour.

24. Le joueur de qui un ou plusieurs pions sont
attaqués et mis en lutte inférieure doit couvrir
d'un pion, en jouant à son tour prochain, conformément aux prescriptions de la division *b* de l'article 22, ou, sinon, l'adversaire a droit de prise ;
et, s'ils n'ont pas été couverts au pair d'un premier
pion, ils peuvent l'être d'un second, d'un troisième,
etc., que l'on avance un par un chaque fois que
l'on joue à son tour, mais toujours en se conformant aux données de la division *b* de l'article 22.

Du reste, dès l'instant que le joueur attaqué ou
celui qui a commencé l'attaque, tout en ajoutant un
nouveau pion chaque fois qu'il joue à son tour,
reste néanmoins inférieur de deux, de trois, de
quatre, selon les cas prévus dans la division *b*, le
droit de prise est exercé par le vainqueur.

25. Quand un joueur ne fait pas ou ne peut pas
faire concourir de nouveaux pions à une lutte complexe, dans laquelle son adversaire reste supérieur
par la valeur additionnée de ses pions, celui-ci a
droit de prise.

26. Durant la formation d'une lutte complexe,
lorsqu'on obtient supériorité sur l'adversaire, on
doit l'avertir de cette supériorité et lui en donner
le degré, c'est-à-dire lui déclarer de combien on

le surpasse dans la lutte en valeur numérique. Si on ne remplit pas cette condition, on perd momentanément le droit que donne la supériorité obtenue : c'est-à-dire qu'on ne pourrait exercer le droit de prise qu'après que l'on aurait fait connaitre à l'adversaire qu'on est supérieur dans la lutte.

27. Au lieu de couvrir un ou plusieurs pions qu'on vient de mettre ou qui viennent d'être mis par l'adversaire en lutte inférieure, on peut opérer leur retraite, si elle est possible.

28. Le joueur qui a mis un ou plusieurs de ses pions en lutte équivalente, peut toujours en faire retraite à volonté, lorsqu'il lui convient d'en faire emploie sur d'autres points. On n'a le même droit au sujet des pions qui seraient mis en lutte équivalante par l'adversaire.

En général, on peut toujours disposer à volonté des pions lutteurs, sauf a subir les conséquence du droit de prise, lorsqu'en les retirant d'une lutte complexe équivalante on la convertit en lutte inférieure.

IX.

QUELS SONT LES CAS OU IL Y A DROIT DE PRISE.

29. En général, il n'y a de droit de prise ou de levée de pions adverses, que dans les quatre cas suivants : dans le cas de lutte inférieure, laissée en permanence par l'impossibilité de couvrir régulièrement ou de faire retraite ; dans le cas de lutte

inférieure, à laquelle on ne peut ajouter un nouveau pion, faute de point occupable ou de pion disponible; lorsqu'on laisse en lutte inférieure un ou plusieurs pions, en retirant, pour les employer sur d'autres points, celui ou ceux avec lesquels ils formaient une lutte équivalante, lorsqu'on sacrifie a dessein un ou plusieurs pions qu'on ne veut ni appuyer, ni retirer de lutte.

X

DES DIVERSES SORTES DE SUPÉRIORITÉ QUI DONNENT DROIT DE LEVER DANS UNE LUTTE SIMPLE ET DANS UNE LUTTE COMPLEXE. — DE LA MANIÈRE DE DÉCOMPOSER UNE LUTTE COMPLEXE, ET DES DIVERSES MANIÈRES D'EXERCER LE DROIT DE PRISE. — DE PLUSIEURS AUTRES DISPOSITIONS RELATIVES À LA LUTTE COMPLEXE.

30. Dans le cas de lutte complexe, comme dans le cas de lutte simple, deux Fantassins lèvent un Fantassin, trois lèvent un Cavalier, quatre lèvent un Canon; un Cavalier lève un Fantassin, deux lèvent un Canon; un Canon lève un Cavalier ou deux Fantassins; un Cavalier et un Fantassin lèvent un Cavalier; un Cavalier et deux Fantassins lèvent un Canon; un Canon et un Fantassin lèvent un Canon; etc.

On sent que, s'il ne faut que la supériorité d'un en valeur pour donner droit de prise, à plus forte raison ce même droit existe lorsque la supériorité en valeur dépasse le nombre un.

31. Dans tous les cas de lutte complexe, on doit décomposer la lutte en autant de luttes simples qu'elle peut en fournir, et lever suivant les données précisées dans l'article précédent. (Voir note 5.)

Pour rendre très-sensible et facilement appréciable la méthode à suivre dans la décomposition d'une lutte complexe, soit les diverses manières de la décomposer en luttes simples, nous allons opérer sur trois modèles de lutte complexe, que nous donnons pour exemple de tous les cas semblables. On verra en même temps comment se fait l'application du droit de prise, dans une lutte complexe.

Les pions (v. planche 2, fig. 1, 2, 3) sont représentés par leurs valeurs absolues, c'est-à-dire par les nombres 1, 2, 3; leurs couleurs, par la lettre b, pour les blancs, par la lettre n, pour les noirs; leur rang d'ordre, par les nombres ordinaux 1er, 2me, 3me, etc.

Nous ferons observer ici qu'il est essentiel de bien s'expliquer le système d'actions suivant lequel les pions adverses, lorsqu'ils sont en lutte, exercent une influence réciproque les uns sur les autres : de bien comprendre l'esprit et la portée des articles 7 et 8, et l'on arrivera sans beaucoup de peine à savoir décomposer une lutte complexe.

Voyez figure 1. La Batterie n 3, située sur le 1er point de la ligne des pions noirs, fait lutte équivalente à la Batterie b 3, située sur le 1er point de la ligne des pions blancs ; mais le Cavalier n 2, situé sur le 2me point, lève le Fantassin b 1, situé sur le 2me point. Le Fantassin n 1, situé sur le 3me point, fait lutte équivalente avec le Fantassin b 1, situé sur le 3me point ; mais la Batterie n 3, occupant le 4me point, lève le Cavalier b 2, occupant également le 4me point. Les deux Batteries n 3 et b 3, occupant les 5mes points, se balancent ; mais le Fantassin n 1, occupant le 6me point, et le Cavalier n 2, occupant le 7me point, lèvent le Cavalier b 2, occupant le 6me point.

On peut décomposer cette lutte d'une autre manière, qui donne l'avantage de lever la Batterie b, située sur le 5me point, plutôt que le Cavalier b, situé sur le 6me point. Au lieu de faire porter l'action du Fantassin n 1, situé sur le 6me point, contre le Cavalier b 2, situé sur le 6me point, on peut la faire porter contre la Batterie b 3, située sur le 5me point : ainsi on gagnerait de lever une Batterie à la place d'un escadron. (V. note 6.)

Voyez figure 2. b 3, située sur le 1er point, lève n 2, situé sur le 1er point ; b 1, situé sur le 2me point, balance n 1, situé sur le 2me point ; b 2, situé sur le 3me point, balance n 1, situé sur le 3me point, et n 1, situé sur le 4me point ; et b 1, situé sur le 4me point, balance n 1, situé sur le 5me point.

Mais on pourrait en pareil cas lever un Fantassin

au lieu de la Batterie, en décomposant la lutte comme nous décomposons celle-ci sous le mode suivant : b 3, située sur le 1er point, balance n 2, situé sur le 1er point, et n 1, situé sur le 2me point; b 1, situé sur le 2me point, balance n 1, situé sur le 3me point; b 2, situé sur le 3me point, lève n 1, situé sur le 4me point, ou n 1, situé sur le 5me point; et b 1, situé sur le 4me point, balance n 1, situé sur le 5me point, ou n 1, situé sur le 4me point.

Voyez figure 3. Cet exemple représente un cas de lutte complexe, dans laquelle chaque joueur aurait droit de lever à son adversaire un pion de même valeur. Les pions b 1, situé sur le 1er point, et b 2, situé sur le 2me point, lèvent le pion n 1, situé sur le 1er point; les pions b 1, situé sur le 3me point, et b 1, situé sur le 4me point, balancent les pions n 1, situé sur le 2me point, et n 1, situé sur le 3me point; mais n 2, situé sur le 4me point, et n 1, situé sur le 5me point, lèvent b 1, situé sur le 5me point.

Afin de lever toute hésitation dans la manière de répartir les actions réciproques que les pions lutteurs exercent entre eux, dans une lutte complexe quelconque, nous ajoutons un exemple de lutte complexe équivalente. Voyez figure 4. b 2, placé sur le 1er point, et b 1, placé sur le 2me point, balancent n 3, placée sur le 1er point; b 2, placé sur le 4me point, balance n 2, placé sur le 2me point;

b 3, placée sur le 3me point, balance *n* 3, placée sur le 3me point; *b* 1, placé sur le 5me point, et *b* 1, placé sur le 6me point, balancent *n* 2, placé sur le 4me point; enfin *b* 1, placé sur le 7me point, et *b* 1, placé sur le 8me point, balancent *n* 2, situé sur le 5me point.

32. Lorsqu'une lutte complexe est rendue équivalente, on peut la laisser dans cet état et jouer sur d'autres points : mais, 1° du moment que l'un des joueurs la rend inférieure pour l'autre, celui-ci doit couvrir de nouveau, ou, sinon, le droit de prise est exercé par le joueur supérieur; et 2° quand l'un des joueurs retire de cette lutte un ou plusieurs pions, l'adversaire exerce incontinent le droit de prise sur les pions qui restent en lutte, conformément aux déterminations des articles 30, 31 et 35.

33. Le cas échéant que tous les points par où les deux joueurs pourraient attaquer , c'est-à-dire mettre leurs propres pions en lutte avec des pions adverses, fussent occupés, et que néanmoins il résulte une lutte équivalente de cet engagement général, on se conformera à la règle suivante : celui des deux joueurs qui aura amené l'avant-dernier pion sur un de ces points sera considéré comme inférieur d'un en valeur, et l'autre joueur lèvera, non pas à son choix, mais au choix du joueur regardé comme étant inférieur, un fantassin, s'il s'en

trouve dans la lutte; un cavalier, s'il ne s'y trouve pas de fantassin; un canon, s'il ne s'y trouve pas de cavalier ou de fantassin.

Mais le joueur qui vient de livrer un pion doit jouer aussitôt après; et, si, par la mise en lutte d'un nouveau pion de même valeur que celui qu'il vient de livrer, il rend encore la lutte équivalente, ce sera au tour de l'autre joueur d'être regardé comme inférieur et de livrer un pion.

On procédera toujours ainsi, jusqu'à ce que la lutte soit devenue sur quelque point un échec réel pour l'un des joueurs.

34. Dans le cas de lutte complexe, dans laquelle les deux joueurs auraient droit de lever chacun un pion de même valeur, on pourra regarder cette lutte comme équivalente et se dispenser de faire la levée.

Mais, si l'un des joueurs a intérêt à ce que cette levée se fasse, il pourra lever et exiger de son adversaire qu'il lève.

35. Quand la décomposition de la lutte complexe prête à cela, on a droit de lever une Batterie plutô qu'un Cavalier ou un Fantassin, ou un Cavalier plutôt qu'un Fantassin; et, réciproquement, un Cavalier plutôt qu'une Batterie, ou un Fantassin plutôt qu'un Cavalier ou une Batterie. (V. note 7.)

36. On peut exiger de l'adversaire qu'il lève les pions qu'il est en droit de lever suivant la teneur des

articles 29, 30, 31, 33, 35 et 37, toutes les fois qu'on est intéressé à ce qu'il effectue la levée.

37. Une fois la file ou le group d'une lutte complexe divisé sur un ou plusieurs points par une première levée, ou par l'effet de la retraite opérée par le joueur qui subit échec, on doit compter group par group, et lever, en même temps, dans chacun.

La figure 2, planche 1, rendra facile à estimer le mode de lever en pareil cas. Le chiffre 1 représente les Fantassins, le chiffre 2 les Cavaliers, le chiffre 3 les Canons.

On voit que l'addition des valeurs des pions adverses donne 7 contre 5, dans le 1er group; 7 contre 5, dans le 2me group; 9 contre 7, dans le 3me group. La décomposition des trois groups, opérée de la manière indiquée dans l'article 31, donnerait donc au joueur supérieur le droit de lever, d'une même levée, deux pions dans chaque group.

Si, plutôt que d'additionner le pion 2 * dans le deuxième group, on voulait l'additionner avec les valeurs du premier group, on aurait 9 contre 5 dans celui-ci, et on pourrait y lever quatre pions; mais alors il y aurait parité de valeurs ou d'actions dans le deuxième group, et on n'y lèverait aucun pion.

On aurait droit également de faire entrer une moitié de 2 *, c'est-à-dire 1, dans l'addition du pre_

mier group, et l'autre moitié, c'est-à-dire 1 encore, dans l'addition du deuxième group; et, de cette
manière, on aurait 8 contre 5 dans le premier
group, où conséquemment on lèverait trois pions,
et 6 contre 5 dans le deuxième group, où on ne
lèverait qu'un pion.

On pourrait également faire, à l'occasion d'une
batterie, la même division : on pourrait compter
deux dans un group et un dans l'autre, et additionner 2 ou 1 avec les valeurs du group de droite, ou
avec celles du group de gauche. La Batterie, comme ayant une valeur égale à 3, pourrait même être
répartie dans trois groups différens, en prenant 1
pour chaque group.

Cette division de la valeur de la Batterie ou de
l'Escadron peut se faire aussi sur des pions autres
que ceux opposés perpendiculairement aux points
inoccupés : ainsi, par exemple, dans le deuxième
group, 2 plus 2 pris sur la valeur de la Batterie qui
suit, donnent 4 en valeur, c'est-à-dire une force
suffisante pour lever la Batterie adverse 3; et la valeur 1, excédant de la batterie, additionnée avec le
Fantassin suivant, donnent la valeur 2, c'est-à-dire
une force suffisante pour lever le Fantassin noir
placé à la suite de la Batterie noire. Les deux Fantassins qui suivent et terminent le group se balancent. Toutefois on pourrait lever encore le dernier
Fantassin de la file de pions noirs, si l'on faisait por-

ter l'action du Fantassin blanc, additionné dans le troisième group, sur le point occupé par le Fantassin noir : de cette sorte on leverait toute une rangée de pions adverses, d'une seule levée et dans un même group.

XI.

À QUELLE CONDITION ON A DROIT DE FAIRE RETRAITE.

38. On a droit de faire retraite, toutes les fois qu'on peut reculer ou se placer à droite ou à gauche sur un point inoccupé, et sans contrevenir aux déterminations des articles 17, 18 et 19.

Ainsi on peut faire retraite d'un ou de plusieurs pions que précédemment on a mis en lutte, qu'elle soit inférieure, équivalente ou supérieure; d'un ou de plusieurs pions qu'on vient de mettre en lutte supérieure ou équivalente, que l'adversaire les mette ou non en lutte inférieure, en jouant à son tour; d'un ou de plusieurs pions qu'on vient de mettre en lutte inférieure, soit qu'on ne puisse ou qu'on ne veuille pas les couvrir; enfin d'un ou de plusieurs pions que l'adversaire vient de mettre en lutte, qu'elle soit inférieure, équivalente ou supérieure pour l'un quelconque des deux joueurs. En un mot, on peut faire retraite toujours et dans tous les cas d'un pion quelconque, tant que l'adversaire n'a pas droit de prise sur le pion, et si d'ailleurs la retraite est possible.

39. Lorsqu'une lutte complexe tourne en échec, on a le droit de retirer de la lutte deux pions, chaque fois que son tour de jouer revient. Mais cette faveur n'est accordée que pour le cas où les joueurs ont adopté le mode de jouer un seul pion par tour.

XII.

DISPOSITIONS RELATIVES AUX PIONS JOUÉS.

40. Tout mouvement opéré conformément aux prescriptions des articles 17 et 20, ou sans contrevenir à celles des articles 18 et 19, reste opéré et compte pour un pion ou un coup joué, que ce soit pour attaquer, pour couvrir, pour faire retraite ou pour distribuer.

XIII.

LES FANTASSINS NE PEUVENT OCCUPER QU'UNE ESPÈCE DE POINTS; LES CAVALIERS ET LES CANONS PEUVENT OCCUPER LES DEUX ESPÈCES

41. Les Fantassins ne peuvent être joués que sur les points marqués d'un cercle noir, soit qu'on les joue dans le camp de l'adversaire, soit qu'on les joue dans son propre camp; mais les Cavaliers et les Canons peuvent être joués à volonté sur les points marqués d'un cercle noir, devenus ou rendus inoccupés, aussi bien que sur les points non marqués d'un cercle. (V. note 8.)

Sur la ligne d'attaque les Fantassins ne peuvent

être joués que sur les neuf points situés sur les mêmes lignes que ceux qui sont marqués d'un cercle.

XIV.

ÉCHANGE DE LÉGIONS ENTRE LES TROIS DIVISIONS :
CENTRE, DROITE, GAUCHE.

42. On a le droit de transporter des Fantassins du
centre dans la division de droite ou de gauche, et,
réciproquement, des fantassins de la droite ou de
la gauche, dans la division du centre.

Mais il n'est permis d'effectuer ces mouvemens
qu'autant qu'on le peut, conformément aux déterminations des articles 17 et 20, ou que l'on ne con-
trevient pas à celles des articles 18 et 19. Ces règles doivent être rigoureusement observées, dans
tous les cas et pour tous les genres de mouvemens.

XV.

DISPOSITIONS RELATIVES AUX LÉGIONS DE LA
RÉSERVE.

43. Avant de dégarnir de ses légions une quelconque des trois divisions : Centre, Droite, Gauche,
au profit de l'une d'entre elles, on doit employer
les trois Légions placées sur les points de la ligne de
réserve, correspondans à la division qu'on veut
renforcer, sauf, ensuite, à tirer de la division voisine ou de l'une des divisions voisines de nouvelles
Légions, si les trois de réserve ne donnent pas un
renfort assez puissant.

44. Les trois Légions de chaque division de la ligne de réserve peuvent être jouées à une, à deux ou à trois, soit pour les porter dans la division correspondante et parallèle, soit pour les porter dans la division-centre de la ligne de réserve, si ou joue celles de la division droite ou gauche, soit pour les porter sur la division-droite ou gauche, si l'on joue celles de la division correspondante au centre; et ce coup de jeu, que l'on joue trois, ou deux, ou une légion, compte dans chacun de ces cas pour un pion ou un coup joué.

Comme on ne peut effectuer du même coup le mouvement de trois Légions, de l'une à l'autre division de la ligne de réserve, qu'à la condition de pouvoir les jouer sur le quatrième point indirectement allié, il sera permis, par exception à la règle établie dans l'article 17, de les porter du point occupé sur le quatrième point suivant. Ainsi chaque Légion tomberait, dans le cas où on les jouerait toutes trois ensemble, sur un point de la division voisine correspondant à celui sur lequel elle est placée dans la division qu'elle occupe.

XVI.

REDOUTE.

45. Celui des deux joueurs qui le premier a perdu douze Légions, ou une Batterie et trois Escadrons, ou quatre Escadrons, ou deux Batteries et un Escadron, a le droit de former redoute.

Cette redoute se forme avec les deux Batteries et les deux Escadrons de réserve, s'ils ont été conservés tous quatre sur les points assignés à chacun avant de commencer la partie.

Sa valeur sera censée être de quatorze, et elle sera considérée comme étant distribuée par trois sur chacun des cinq points de la portion de ligne qui doit déterminer la longueur de la redoute.

La longueur de la redoute comprend cinq points, successivement alliés directs; et elle peut être établie, inclusivement, (v. pl. 1, fi. 1.) de la ligne r' s' à la ligne t' u', pour la droite; de la ligne t' u' à la ligne v' x', pour le centre; de la ligne v' x' à la ligne y' z', pour la gauche, et, selon la convenance du joueur, sur une des lignes I-I, II-II, III-III, IV-IV, V-V.

Faisant redoute, on devra placer chaque Cavalier sur chaque Canon, et les deux Canons, ainsi surmontés des Cavaliers, sur les points 1 et 2, s'il s'agit, par exemple, de faire redoute sur la Droite et sur la ligne II-II.

46. La redoute ne peut être prise sur l'avant que ar une valeur de quinze, c'est-à-dire par cinq Batt ries mises en lutte complexe sur cinq des six ou sept points directement alliés de ceux de la ligne de redoute; ou par trois Batteries et trois Escadrons; ou par quatre Batteries, un Escadron et une Légion; ou encore, dans le cas où la redoute serait

établie sur le Centre, par trois Batteries, deux Escadrons et deux Légions. (V. note 9.)

47. Le joueur qui laisse prendre sa redoute perd la partie par ce seul fait accompli.

48. Les pions adverses, ni ceux du joueur à qui appartient la redoute, ne peuvent traverser sur les trois points vuides situés entre les deux Batteries-Cavaliers: ces points doivent être considérés comme étant réellement occupés.

49. La redoute peut être dégarnie par les flancs et sur l'arrière, suivant les règles ordinaires du jeu: c'est-à-dire que, si l'adversaire, ayant pu diriger une attaque sur le flanc et sur l'arrière, ou sur l'arrière seulement, emporte d'un en valeur, il lève le Cavalier ou la Batterie ; le Cavalier, si la décomposition de la lutte ne lui donne que le droit de lever le Cavalier; la Batterie, si elle lui donne le droit de lever la Batterie.

A cet effet on devra regarder le premier point de la ligne de redoute comme étant occupé par deux en valeur, c'est-à-dire par l'Escadron ; le second point comme étant occupé par trois en valeur, c'est-à-dire par la Batterie; le troisième point comme étant inoccupé.

Après la prise d'un Escadron ou d'une Batterie de la redoute, celle-ci perd sa valeur exceptionnelle, et les trois autres pions reprennent aussitôt leur valeur ordinaire. Alors aussi on doit décharger la

Batterie-Cavalier restant, et placer le Cavalier sur un des points directement alliés de celui sur lequel est placée la Batterie. (V. note 10.)

50. Le joueur qui a fait redoute a toujours droit de la défaire à volonté, lorsque son tour de jouer revient; mais du moment qu'il l'a défait les deux Batteries et les deux Escadrons reprennent aussitôt leur valeur ordinaire.

Lorsqu'on défait la redoute on doit décharger chaque Canon de son Cavalier et le placer sur le point directement allié, situé à droite pour le Canon de gauche, à gauche pour le Canon de droite.

51. Après qu'on a défait et mobilisé la redoute, on n'a plus le droit de la refaire.

52. Défaire la redoute compte pour son tour à jouer, que l'on joue à un, à deux, à trois ou à quatre pions par tour.

53. Chaque joueur peut, s'il préfère, employer séparément et suivant les règles ordinaires les deux Batteries et les deux Escadrons de réserve, dès le commencement de la partie, ou quand il le juge convenable durant son cours.

54. Dès qu'un joueur a employé une des deux Batteries ou un des deux Escadrons de réserve, il perd le droit de faire redoute.

XVII.

TERME DE LA PARTIE.

55. La partie est perdue pour le joueur qui est réduit à l'impossibilité de pouvoir établir une lutte complexe équivalente, dans laquelle il ferait entrer, contre la ligne d'action du vainqueur, tous les pions forts qui lui restent.

On peut donc admettre comme règle que la partie est perdue pour le joueur à qui il ne reste en Cavaliers et Canons que la moitié de la valeur additionnée des Cavaliers et des Canons restant à son adversaire, et un nombre égal de Fantassins.

Toutefois on pourra, si l'on veut, achever rigoureusement la partie et jouer jusqu'à ce que l'un des deux joueurs n'ait plus de pions.

XVIII.

COURTE PARTIE.

56. Quand on voudra jouer de courtes parties on pourra n'employer que les Légions qui occupent une division et la partie de ligne de réserve correspondante, c'est-à-dire douze Légions, et, avec les douze Légions, quatre Escadrons et deux Batteries.

Le champ de l'action sera circonscrit entre les limites des deux centres, entre les deux lignes A' C', B' D'.

Les Fantassins, bien que placés sur les points

marqués d'un cercle avant de commencer la partie, pourront néanmoins être joués, durant son cours, sur les points non marqués d'un cercle.

On sent que les Préserves ni les Faibles ne peuvent guère être employés dans un champ aussi restreint : conséquemment ils ne seront pas employés.

XIX.

PRÉSERVES.

57. On peut jouer avec ou sans les Préserves.

58. Les Préserves pourront être placées au gré des joueurs, (cela dans le but de varier les combinaisons du jeu,) surtels points correspondans qu'on décidera de leur faire occuper; mais toutefois elles ne devront être placées que sur des points marqués d'un cercle et sur les neuf points de la ligne d'attaque situés sur les mêmes lignes que ceux qui sont marqués d'un cercle : on les placerait, par exemple, (v. pl. 3) sur les points A, B, C, D.

Le Fantassin ou les deux Fantassins dont les Préserves occuperaient la place, dans chaque camp, seront regardés comme deux Fantassins de réserve, et, après les avoir placés sur les premières places vacantes, on les emploiera aux mêmes conditions.

59. Les Préserves sont inamovibles; en d'autres termes, elles restent chacune à la même place pendant toute la durée de la partie.

60. Elles ont le double pouvoir de rendre inoc-

cupables les points sur lesquels elles sont fixées, conséquemment de garantir les têtes de files ou de rangées de pions directement alliées du point qu'elles occupent, et de neutraliser l'action des forces qui agiraient dans la direction des diagonales uv, vs, st, tu. (V. pl. 3, fi. 1)

En conséquence de ces deux propriétés, (v. pl. 3, fi. 2.) un pion adverse, situé par exemple sur le point L, ne pourrait être attaqué par des pions adverses que des points i', u', o', a', e', et l'assaillant, s'il voulait porter en e', par exemple, un pion situé sur le point c', serait obligé de passer, bien qu'on eut convenu de jouer à volonté, ou suivant la direction oblique. ou suivant la direction perpendiculaire, par les points m' n',

Ceci indique qu'il y a bien des modifications à introduire dans le système d'exécution, c'est-à-dire dans l'art de jouer, lorsqu'on joue avec les Préserves.

61. A peine est-il besoin de faire observer que les Préserves, bien qu'elles soient réparties deux par deux dans chaque camp, n'appartiennent pas deux par deux à chaque joueur : elles représentent quatre points d'appuis, ou plutôt quatre positions dont les avantages peuvent être mis à profit pour les pions blancs comme pour les pions noirs, tant que les uns ou les autres se trouvent placés sur des

points qui entrent dans le cercle d'influence des Préserves, c'est-à-dire sur des points directement alliés de celui sur lequel est fixée chaque Préserve

Ces points, comme l'indique la figure 1, pl. 3, sont au nombre de huit, en plein champ, dont quatre : *s, t, u, v,* sur lesquels on a l'avantage d'être préservé, et de deux actions obliques, et d'une action perpendiculaire, tandis que sur les quatre autres : *s', t', u', v',* on est simplement préservé d'une action oblique.

62. Dans le besoin de faire retraite, lorsqu'on a convenu de ne jouer que suivant la direction perpendiculaire, on a le droit de tourner la Préserve, et on la tourne de la manière suivante : on peut, d'un seul mouvement qui compte simplement pour un pion ou un coup joué, porter un pion *X*, (v. pl. 3, fi. 3) en lutte inférieure avec un ou plusieurs pions adverses situés en *C', F', D',* sur le point *K*, en passant par le point *a* ou par le point *c*, si, sur un ou plusieurs des points 1, 2, 3, 4, 5 ou 6, 7, 8, 9, 10, il ne se trouve un ou plusieurs pions adverses supérieurs en valeur ou simplement équivalens à la valeur de celui dont on veut opérer la retraite; et cela quand même, sur un ou plusieurs des points *G, H, I,* seraient situés plusieurs pions adverses ou un seulement, d'une valeur supérieure à celle du pion qu'on porte sur le point *K*.

Mais on ne pourrait porter ce pion que sur le

point *a* ou *c*, si sur les points ou sur un des points 3, 4, 5 ou 8, 9, 10 étaient postés plusieurs pions adverses ou un seulement, d'une valeur équivalente à celle du pion dont on veut faire retraite.

Il est d'ailleurs entendu que les points sur lesquels on doit passer et ceux sur lesquels on doit placer les pions ne peuvent être, les uns traversés et les autres occupés, qu'autant qu'ils sont inoccupés, nous ne disons pas par des pions adverses seulement, mais même par ses propres pions. (v. note 11.)

63. Toutefois l'avantage de pouvoir tourner la Préserve, de la manière prescrite dans l'article précédent, n'est accordée qu'autant qu'on ne peut faire retraite suivant la direction perpendiculaire et sans jouer angulairement.

XX.

FAIBLES.

64. On peut jouer avec ou sans les Faibles.

65. Les Faibles comme les Préserves sont inamovibles.

66. Chaque joueur devra placer son Faible à sa droite, sur le point *x*, par exemple, ou sur tout autre point convenu.

Bien qu'on soit libre de placer les Faibles sur tels points que l'on voudra, néanmoins ils doivent être placés sur des points correspondans.

67. Les Faibles, par opposition aux Préserves, représentent dans chaque camp un point difficile à

défendre, ou plutôt une position qui n'est pas tenable. Mais ce n'est que pour chaque joueur que cette position n'est pas tenable : car, dans chaque camp, le Faible n'exerce son pouvoir d'affaiblissement que sur les pions du joueur à qui il appartient; et , par cela même, les points sur lesquels il étend son influence constituent une position très-avantageuse pour l'autre joueur.

68. Toute la puissance négative du Faible consiste à diminuer de moitié la valeur des pions du joueur à qui il appartient, quels qu'ils soient ; mais cet effet n'a lieu que lorsqu'ils en sont directement voisins ou alliés : ainsi les pions (v. pl. 3, fi. 4) situés sur les points a, b, c, d, e, f, g, h, environnant le point x sur lequel est placé le Faible, perdraient la moitié de leur valeur. Sur ces points une Légion du joueur à qui appartient le Faible n'est censée valoir que la moitié d'une Légion; un Escadron n'est censé valoir qu'une Légion; une Batterie n'est censée valoir qu'une Légion et demie; deux Batteries n'en valent qu'une adverse; deux Escadrons n'en valent qu'un adverse. Conséquemment, dans le cas de lutte contre un ou plusieurs pions adverses, situés sur quelqu'un ou sur plusieurs des points environnant le Faible, un Escadron lève une Batterie au joueur à qui appartient le Faible, un Fantassin lève un Fantassin, ou fait lutte équivalente avec un Cavalier.

Du reste, dans le cas de lutte complexe, soit pour commencer l'attaque, soit pour couvrir, soit pour lever, on devra procéder comme en tous les autres cas semblables, sauf à tenir compte de la diminution de valeur opérée par l'influence du Faible.

69. On ne tourne pas le Faible : on le saute ou l'on place son pion dessus, toutes les fois qu'on a besoin, ou de passer par le point qu'il occupe, ou de s'y fixer. (V. note 12.)

70. Le pion placé sur le Faible perd également la moitié de sa valeur, s'il est de même couleur que le Faible sur lequel il est placé.

NOTES.

Note 1. *

Il suffit d'expliquer ce que nous entendons sous les noms de Légion, d'Escadron, de Batterie, pour démontrer que la valeur absolue et le nombre de chaque espèce de joûteur sont la représentation de la valeur et du nombre de chaque espèce de corps militaire dont se compose l'armée européenne moderne. La Légion serait une unité complexe formée de mille fantassins ; l'Escadron serait une autre unité complexe formée de mille cavaliers ; la Batterie serait composée de dix canons et de

* Pour l'intelligence de cette note, il faut voir les articles 1. page 13; 5, page 14 ; 30, page 54.

deux obusiers, soit de douze pièces d'artillerie servies et défendues par mille ou douze cents hommes.

A ce compte, trente-six mille hommes de ligne seraient représentés par les trente-six pions Fantassins, huit mille hommes de cavalerie par les huits pions Cavaliers; soixante et douze pièces d'artillerie et six ou sept milles artilleurs fantassins, par les six pions Batteries. Cette armée de pions représente donc dans chaque camp une armée réelle d'environ cinquante mille combattans. Or, le nombre que nous adoptons pour chaque espèce de corps, dans la composition d'une armée de cinquante mille hommes, est bien celui qui est généralement adopté de fait, approximativement du moins.

Au reste, cette composition ne fût-elle pas usuelle, il n'est pas moins vrai qu'on peut la considérer comme bien entendue, comme une donnée sur laquelle on pourrait composer proportionnellement une armée plus grande ou plus petite.

Et, si nous partons de la composition que nous venons de préciser pour chaque espèce de corps, il est évident que les trois espèces de corps militaires auraient une valeur relative qu'on peut estimer par degrés d'accroissement, en allant de un à deux et de deux à trois. Ainsi, l'Escadron, relativement à la Légion, vaudrait en effet deux Légions, la batterie, relativement à l'Escadron et à la Légion, vaudrait un Escadron et une Légion, ou trois Légions. Or, de cette valeur relative, nous pouvons conclure à la valeur absolue de chaque espèce de corps, et assigner à la Légion la valeur: un ; à l'Escadron la valeur : deux , à la Batterie la valeur : trois.

Nous pouvons donc affirmer que la valeur absolue de chaque espèce de pion n'est point fixée arbitrairement, puisqu'elle est déterminée suivant le dégré de force physique, de pouvoir destructeur qu'exercent en réalité mille cavaliers ou deux mille fantassins; une batterie ou mille cavaliers, et mille fantassins. Toutefois on doit convenir que la supériorité d'un corps sur un autre n'est assurée ou constante qu'autant que les trois espèces de corps s'appuient mutuellement, sont en nombre suffisant pour former une armée et rangés en bataille ; car, isolément, mille fantassins pourraient peut-être résister aux efforts de mille cavaliers, sinon tenir contre le feu d'une batterie de douze pièces et s'en emparer.

D'ailleurs nous ferons observer qu'il fallait une base caractérisée par ces degrés croissant de un à deux et de deux à trois, pour pouvoir, en même temps, approcher le plus près possible de la vérité des faits et faciliter néanmoins l'exécution du jeu, en adoptant le principe assez simple qui consiste à déterminer toute la puissance des pions sur les valeurs absolues : 1, 2, 3, de la combinaison desquelles résultent tous ou presque tous les effets du jeu.

Note 2.

Le mode de jouer à un pion par tour offre un inconvénient : celui de ne pouvoir en même temps continuer sur la droite, par exemple, une attaque complexe et de se défendre dans une autre attaque dirigée par l'adversaire sur un autre point. En effet, si l'on éprouvait le besoin de se défendre sur le point attaqué et qu'on fût inférieur d'un en valeur, dans l'attaque qu'on a dirigée sur la droite, on donnerait à l'adversaire droit de prise sur ce point là, en jouant son pion sur le point attaqué, pour se défendre, plutôt que de continuer à couvrir dans l'attaque qu'on aurait dirigée sur la droite. Mais, comme le même inconvénient existe pour les deux joueurs, rien n'empêche qu'on ne puisse jouer également à un pion par tour.

Ce mode a un grand défaut, sans doute; mais il a aussi un avantage relatif à ceux qui commencent à apprendre le jeu : en simplifiant l'exécution, il rend plus facile à apprendre les combinaisons auxquelles celui-ci donne lieu ; il est d'ailleurs spécialement convenable à la courte partie, qui demande qu'on adopte de jouer à un seul pion par tour, plutôt qu'à deux, à trois ou à quatre.

Ainsi, l'on commencerait par jouer la grande

partie, à un pion par tour, lorsqu'on apprendrait le jeu ; mais quand on serait familiarisé avec son mécanisme et son genre de combinaisons, il serait mieux de jouer à deux, à trois ou à quatre pions par tour, soit pour rendre l'exécution plus ressemblante, soit pour compliquer les combinaisons. Ceci ferait encore que, le jeu inspirant plus d'intérêt, il aurait plus d'attrait et procurerait plus de plaisir.

L'exécution devient en effet plus ressemblante et les combinaisons deviennent plus compliquées, si l'on joue plusieurs pions par tour : on a ainsi la facilité, le plus souvent du moins, de pouvoir continuer une attaque tout en se défendant sur un autre point, et on ne se trouve pas réduit à faire des pertes inévitables, non par défaut d'habileté, mais parce que le mode ne donne pas le moyen de les éviter, comme il arrive lorsqu'on joue à un seul pion par tour.

Ces considérations nous ont décidé à stipuler l'article 16, qui semblerait une exception à l'article 15, si l'on en juge sur ce que l'usage, pour tous les genres de jeux en général, est de jouer alternativement une seule pièce ou un seul coup; mais on sentira qu'il est bien plutôt la règle, si l'on réfléchit que le génie du jeu de la Bataille demande qu'on joue au moins à deux pions par tour, pour que l'exécution puisse devenir aussi ressemblante que possible aux faits qu'elle est destinée à représenter, et conséquemment plus profitable sous le rapport de l'instruction.

Note 3.

La formation d'une lutte complexe, de la manière qu'elle est déterminée par les données de l'article 22, obligerait constamment à faire de nouvelles additions, pour chaque file de pions lutteurs, à mesure que l'assaillant ou l'attaqué amènerait dans la lutte un nouveau pion; et ce serait le seul moyen de se rendre compte de l'excédent numérique qu'il y aurait de part ou d'autre. Or, si peu qu'une lutte complexe s'étende, cette opération intellectuelle, très-souvent renouvelée, devient un embarras et une peine, qui feraient payer un peu cher le plaisir ou l'avantage qu'on trouverait à jouer au jeu de la Bataille.

Mais cet inconvénient est levé par le secours du compteur, dont l'usage est d'ailleurs aussi simple que facile. (V. pl. 1, fi. 3.) Une planchette de bois, longue à peu près de quatre pouces et large de deux et demi, sur laquelle sont écrits à double, en deux colonnes, les dix caractères de numération, servira à marquer successivement la valeur des pions lutteurs de chaque joueur, à mesure qu'ils prennent part à la lutte. Le trou pratiqué à côté de chaque caractère sert à fixer la cheville de marque. Les cinq chevilles, l'une sans numéro, les autres portant chacune un des chiffres : 1, 2, 3, 4, servent à marquer, pour chaque série de chiffres, jusqu'à 49, nombre assez élevé pour qu'il ne puisse pas être dépassé par la somme de la plus puissante ligne de lutte complexe. Les cinq trous pratiqués à la droite de chaque colonne de chiffres doivent recevoir à demeure les cinq chevilles de marque, placées par rang d'ordre.

Chaque joueur a son compteur et doit s'en servir pour marquer la valeur des pions qui entrent de part et d'autre dans la lutte complexe qu'il commence ; et, à son adversaire de reconnaître par lui-même, quand il le juge convenable, si le compteur ou celui qui s'en sert dit vrai.

Essayons le compteur, et on saura s'en servir. L'assaillant avance un Escadron contre un Escadron et une Batterie adverses, et il manque 2 à sa colonne, en fixant à côté du chiffre 2 la cheville qui ne porte pas de numéro, et 5 à la colonne de l'adversaire, en fixant à côté du chiffre 5 la cheville sans numéro. L'attaqué joue à son tour et avance dans la lutte un Fantassin, contre lequel prennent action, et le Cavalier que l'assaillant vient de jouer, et un Fantassin de celui-ci ; et l'assaillant marque à sa colonne 1, en fixant la cheville à côté du chiffre 3, et 1 à la colonne de l'attaqué, en fixant la cheville à côté du chiffre 6. L'assaillant joue de nouveau à son tour et d'un second mouvement, met en lutte une Batterie, qui oppose non seulement à la Batterie et à la Légion adverses qui déjà prennent part à la lutte, mais aussi à une nouvelle Batterie adverse, et il marque 3 à sa colonne, en fixant la cheville à côté du chiffre 6, et 3 à la colonne de l'attaqué, en fixant la cheville à côté du chiffre 9. L'attaqué a joué à son tour sur un autre point, puis l'assaillant avance dans la lutte une nouvelle Batterie, contre laquelle prend aussi action un nouveau Fantassin adverse, et il marque 3 à sa colonne, en fixant la cheville à côté du chiffre 9, et 1 à la colonne de l'adversaire, en fixant à côté de zéro, après avoir remis à demeure la cheville sans numéro, celle qui porte le chiffre 1. Enfin l'assaillant, après que l'adversaire a joué encore son pion sur un autre point, joue son quatrième pion, en avançant une Batterie contre laquelle prend aussi action un Fantassin adverse, et il marque 12 à sa colonne, en fixant, après avoir mis à demeure la cheville sans numéro, celle qui porte le chiffre 1 à côté du chiffre 2 de sa colonne, et 11 à la colonne de son adversaire, en fixant à côté du chiffre 1 la cheville qui marque 10; puis il doit déclarer à l'adversaire qu'il vient par son dernier pion joué d'obtenir une supériorité d'un en valeur, dans la lutte.

Note 4.

Les données de cet article avertissent qu'une lutte complexe ne peut s'effectuer qu'autant qu'on attaque ou couvre avec des pions d'une égale valeur, ou d'une valeur peu inférieure à celle des pions attaqués : c'est encore une conformité à ce qui se passe ou du moins doit se passer dans la pratique des faits militaires. Elles mettent en effet dans la nécessité d'opposer, le plus souvent du moins, des forces semblables à des forces semblables : d'opposer des Escadrons à des Escadrons, des Batteries à des Batteries, lorsque l'adversaire en a rassemblé deux ou plusieurs de file sur la même ligne perpendiculaire, ou sur les angles d'un même carré.

Mais ceci est en accord avec la bonne tactique. Lorsqu'on étend une attaque sur toute la longueur de la ligne de front d'une armée ennemie, ou sur une portion de cette ligne, n'oppose-t-on pas, successivement ou simultanément, des forces semblables et à peu près égales en puissance? N'emploie-t-on pas l'Artillerie contre l'Artillerie, la Cavalerie contre la Cavalerie, la Ligne contre la Ligne? Sauf, quand les circonstances prêtent à cela ou l'exigent impérieusement, à faire servir l'Artillerie contre la Cavalerie ou contre la Ligne, la Cavalerie contre la Ligne, la Ligne contre l'Artillerie ou contre la Cavalerie.

La pratique du jeu fera voir qu'on peut également employer les pions forts contre les pions faibles, quoiqu'il semble d'après les termes qu'on serait, le plus souvent, forcé d'opposer des pions semblables à des pions semblables : des Fantassins à des Fantassins, des Cavaliers à des Cavaliers, des Canons à des Canons. À la vérité deux joueurs également habiles feraient ressortir ce fait comme un résultat de l'exactitude de leurs combinaisons; mais il ne serait point produit comme une conséquence inévitable de la règle.

Ainsi les formules de l'article 22, tout en résumant un principe de tactique, laissent également subsister l'avantage de pouvoir, dans des circonstances favorables, employer l'Escadron contre la Légion ou contre la Batterie, la Batterie contre l'Escadron ou contre la Légion, la Légion contre la Batterie ou contre l'Escadron.

Note 5.

Relativement au fait de la lutte complexe inférieure, on ne doit pas admettre ce principe que trois Fantassins blancs, par exemple, en lutte avec deux Fantassins noirs, donneraient droit de lever ces derniers : en effet, dès qu'il faut deux Légions pour donner droit d'en lever une, on ne doit pas admettre que trois Légions puissent donner droit d'en lever deux, quatre, d'en lever trois, etc. La conséquence de ce principe conduirait à donner le droit de lever une file toute entière d'une seule levée, du moment qu'il y aurait supériorité d'un en valeur. Or, ceci n'a pas d'analogie dans le domaine des faits, et, conséquemment, ne doit pas être remis en principe. Ainsi, pour lever d'une manière rationelle, nous voulons dire analogue au fait des défaites qui s'opèrent sur un champ de bataille ou des prises qui s'y font, on doit lever conformément aux données de l'article 30.

Or, on ne peut lever d'une manière plus rationelle, plus conforme à la réalité des faits, si on admet ces formules : que deux Légions lèvent une Légion ; qu'un Escadron lève une Légion ; qu'une Batterie lève un Escadron ou deux Légions; etc. Il est incontestable qu'elles se réalisent ou peuvent se réaliser très-exactement sur un champ de bataille, lorsque les trois espèces de forces : Ligne, Cavalerie, Artillerie, concourent simultanément à la lutte et s'appuient l'une par les deux autres.

Note 6.

En décomposant la lutte de cette manière, on s'assure l'avantage de lever la Batterie de la première levée, tandis que l'adversaire peut en faire retraite en jouant à son tour, si on lève le Cavalier.

Cependant il peut se recontrer que des considérations qui portent sur un avantage éloigné doivent faire préférer de lever sur tel point plutôt que sur tel autre : on ne ferait donc pas bien, en pareil cas, de lever un Cavalier plutôt qu'un Fantassin.

Note 7.

Cet article n'est qu'une conséquence du droit accordé par les articles 31 et 37 au joueur supérieur, dans la décomposition d'une lutte complexe, soit de faire porter l'action entière de tel pion sur tel point plutôt que sur tel autre, soit de la diviser, si c'est une Batterie ou un Escadron, et de la répartir, en partie sur un point, en partie sur un autre point.

Or, ce droit de décomposer à son gré une lutte complexe, suivant la manière qui peut être la plus avantageuse au joueur supérieur, est la consécration d'un fait que le Général accomplit très-souvent sur le champ de bataille. Ne dirige-t-on pas l'action d'un corps, quel qu'il soit, sur un corps ennemi qui oppose à droite par exemple, plutôt que sur un autre placé devant ou à gauche, et qui est lui-même tenu en lutte par un autre corps ennemi? Ou ne fait-on pas agir un certain nombre de divisions du même corps sur un point, pendant que les autres agisent sur un autre point ? On comprend que l'article 33 n'est pas stipulé seulement pour donner aux joueurs l'avantage de lever, à cause d'un avantage indirect mais plus grand, une Légion plutôt qu'un Escadron, soit encore une Batterie ou un Escadron plutôt qu'un Escadron ou une Légion, mais parce qu'il est possible mécaniquement, et

que, scientifiquement, l'habileté du génie le réduit
en fait durant le cours d'une bataille rangée.

Note 8.

Nous devons rendre raison de la règle établie
dans l'article 41, puisqu'elle est une des plus im-
portantes du jeu et que néanmoins elle semble peu
fondée au premier regard. Elle porte sur deux
conditions également essentielles, l'une à la con-
servation de l'ordre et à la facilité de l'exécution
durant la partie, l'autre à la réalisation des effets
mêmes de l'exécution bien conduite.

Nous avons cru qu'il était bien d'interdire pour
les Légions l'occupation des points d'intersection
non marqués d'un cercle : d'abord, afin que les
quatre sections du campement restent toujours
bien dessinées ; en second lieu, pour que les lignes
dont les points ne sont pas marqués d'un cercle et
qui divisent les sections, restant ou pouvant être
facilement maintenues libres, soient, comme un
passage toujours ouvert à la circulation des Escadrons et des Batteries.

Quand à la disposition qui accorde le droit de
faire occuper par les Cavaliers et les Canons les
points marqués d'un cercle, spécialement affectés
aux Légions, elle est d'une indispensable nécessité:
car le jeu ne peut prêter à exécution et l'exécution
donner des résultats qui reproduisent les faits qu'il
est destiné à simuler qu'autant qu'on introduit sur

les points occupés par les Légions des Escadrons ou des Batteries; et cela dans le but de préparer une ligne de front supérieure en valeur à celle que l'adversaire oppose sur le point où l'on se propose de diriger une attaque. Il faut bien comprendre qu'on ne peut obtenir des effets productifs, sous le point de vue des levées, et variés, sous le point de vue des combinaisons, qu'à la condition de sacrifier d'abord en commençant la partie quelques Légions, à la place desquelles on amène des Escadrons ou des Batteries, après que d'ailleurs on aura disposé ceux-ci convenablement, soit pour donner attaque sur tel point, soit pour pouvoir se défendre sur tel autre, soit encore pour laisser des points vuides derrière ceux dont on présume avoir besoin de faire retraite.

Cette condition semble être un défaut dans le jeu; cependant, si l'on y réfléchit bien, on voit qu'en cela même il prête à l'analogie : les premières Légions qu'on est forcé de sacrifier ne peuvent-elles pas être regardées comme autant de régimens qu'on expose à un feu meurtrier sur le point par où doit se donner la plus forte attaque, et cela dans le but d'affaiblir l'ennemi, là où on se propose de porter ensuite des forces supérieures, pour le déconcerter et le mettre en déroute?

Note 9.

Cet article demande quelques explications sur ce qu'il fait exception à la règle principe déterminée daus l'article 3 et aux conséquences des principe qu'on trouve précisées dans l'article 30. On demanderait qu'elle est la raison qui peut faire que deux Batteries et deux Escadrons soient censés valoir à peu de différence cinq Batteries adverses, dans le cas de redoute, bien que, en valeur absolue, deux Batteries et deux Escadrons ne vaillent que dix. On saisira la raison de cette exception, de cette valeur relative d'un peu moins de quinze accordée à la redoute, si l'on se porte sur un champ de bataille : là on verra qu'en réalité deux Batteries et deux Escadrons, qui n'ont encore soutenu aucune lutte, valent approximativement cinq Batteries, qui, ayant engagé et soutenu lutte, ont été nécessairement affaiblies. Ce motif nous a déterminé à admettre l'incident que nous introduisons dans le jeu sous le nom de redoute, et il nous parait qu'on peut le regarder aussi comme étant en rapport avec la réalité des faits qui se passent dans les combats.

Note 10.

On sent qu'une redoute établie sur le centre demande l'appui d'un plus grand nombre de pions pour être défendue, tandis que celle établie sur la droite ou sur la gauche, n'ayant qu'un seul flanc exposé, pourrait l'être plus facilement. Ainsi il serait très important de disposer son jen de telle manière qu'on puisse de préférence établir redoute sur la droite ou sur la gauche; lorsqu'on serait obligé et en pouvoir de recourir à cette ressource.

Note 11.

Cette licence n'est qu'une application des règles établies dans les articles 17, 18, 19 et 20, modifiée à cause de l'immobilité de la préserve, ou plutôt à cause de l'obstacle qu'elle est censée opposer au mouvement le plus court à exécuter, pour arriver de l'un à l'autre des points entre lesquels elle fait obstacle, c'est-à-dire à celui sur lequel on pourrait placer les pions dont on éprouve le besoin de faire retraite, si la préserve n'occupait le point directement allié par où il passerait.

Note 12.

On doit regarder le point occupé par le faible, comme un point réellement inoccupé, sur lequel il est facultatif de faire passer ou de fixer son pion, à volonté : c'est assez que le faible diminue la valeur des pions du joueur à qui il appartient; il aurait trop d'influence s'il entravait les mouvemens des pions.

FIN.

TABLE DES MATIÈRES

Imprimerie de BIMONT . passage du Caire   123 et 124.

ERRATA.

Page 10 , ligne 13 , lisez : Préserves , au lieu de Réserves ;

Page 26, après la vingtième ligne , lisez , à la place de
la phrase qui suit , dont la composition est incorrecte ,
celle-ci : Si, par exemple, sur le point *h* se trouvait Placé
un canon adverse , un canon adverse posté sur le point
3 ne pourrait être porté que sur le point *p* , et non sur
le point *n* , ou sur le point *n*, et non en *m* , si en *g* était
situé un Fantassin et en *h* un Cavalier adverses ; mais ,
si les points *h*, *g*, *f* étaient occupés par trois Fantassins
adverses , il pourrait être porté sur le point *m*.

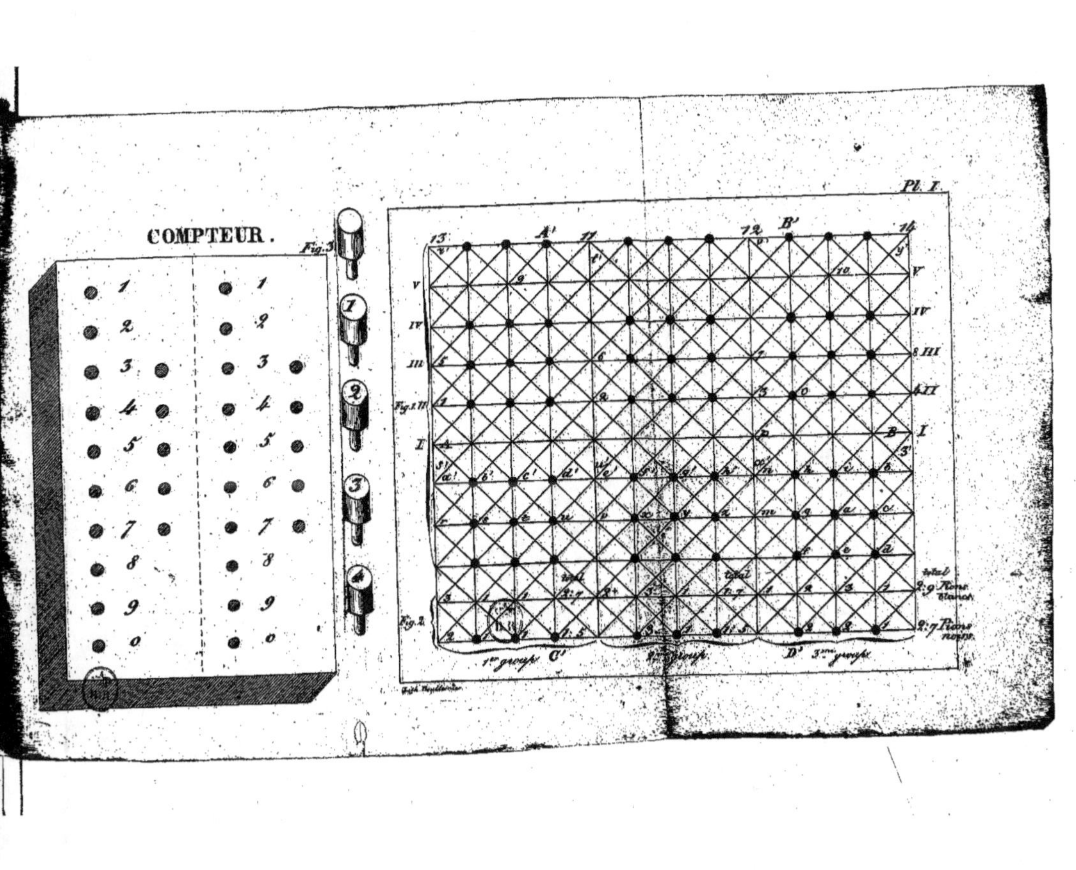

COMPTEUR.
Fig.3
Pl. I.
Fig.1.III
Fig.2.
1er groupe. C'
2.me groupe.
D' 3.me groupe.

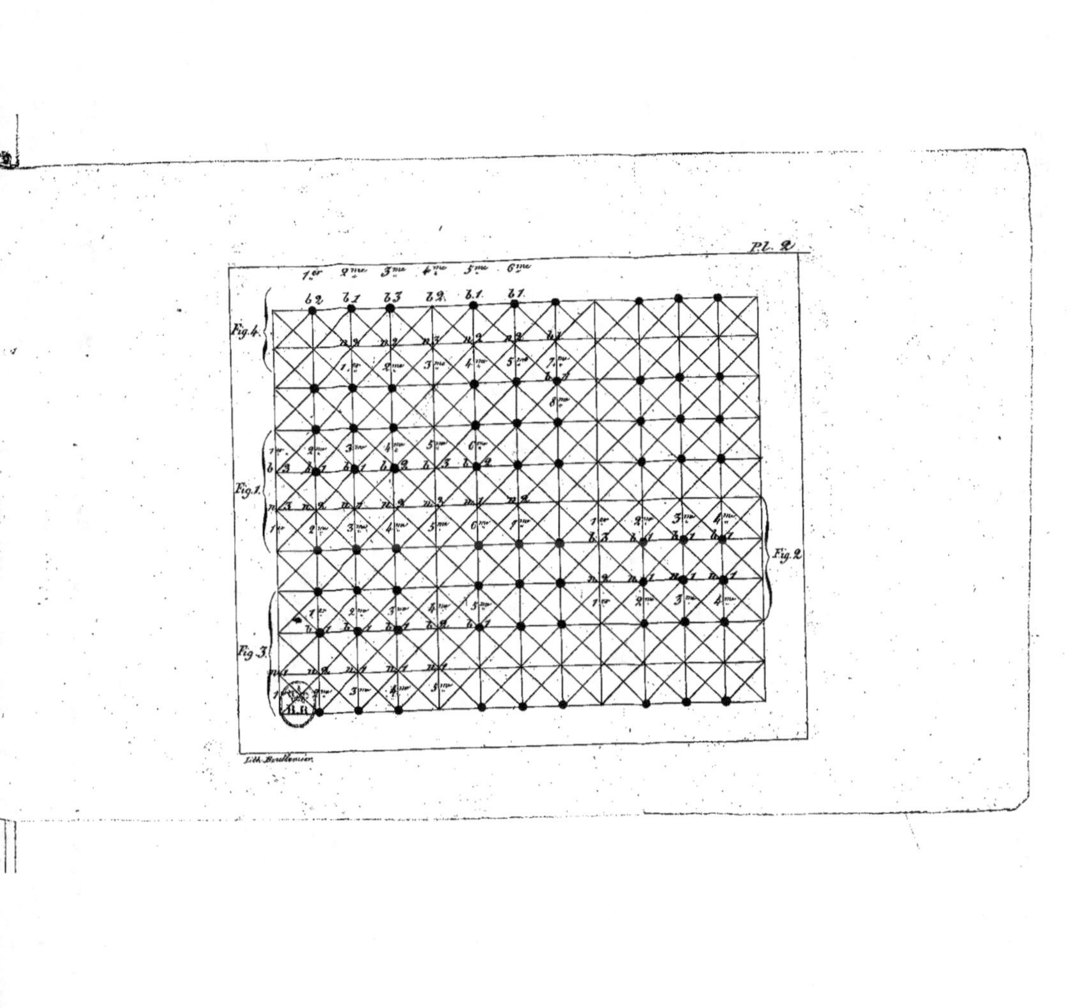
Pl. 2
Fig.4.
Fig.1.
Fig.2.
Fig.3.
Lith. Berellemier.

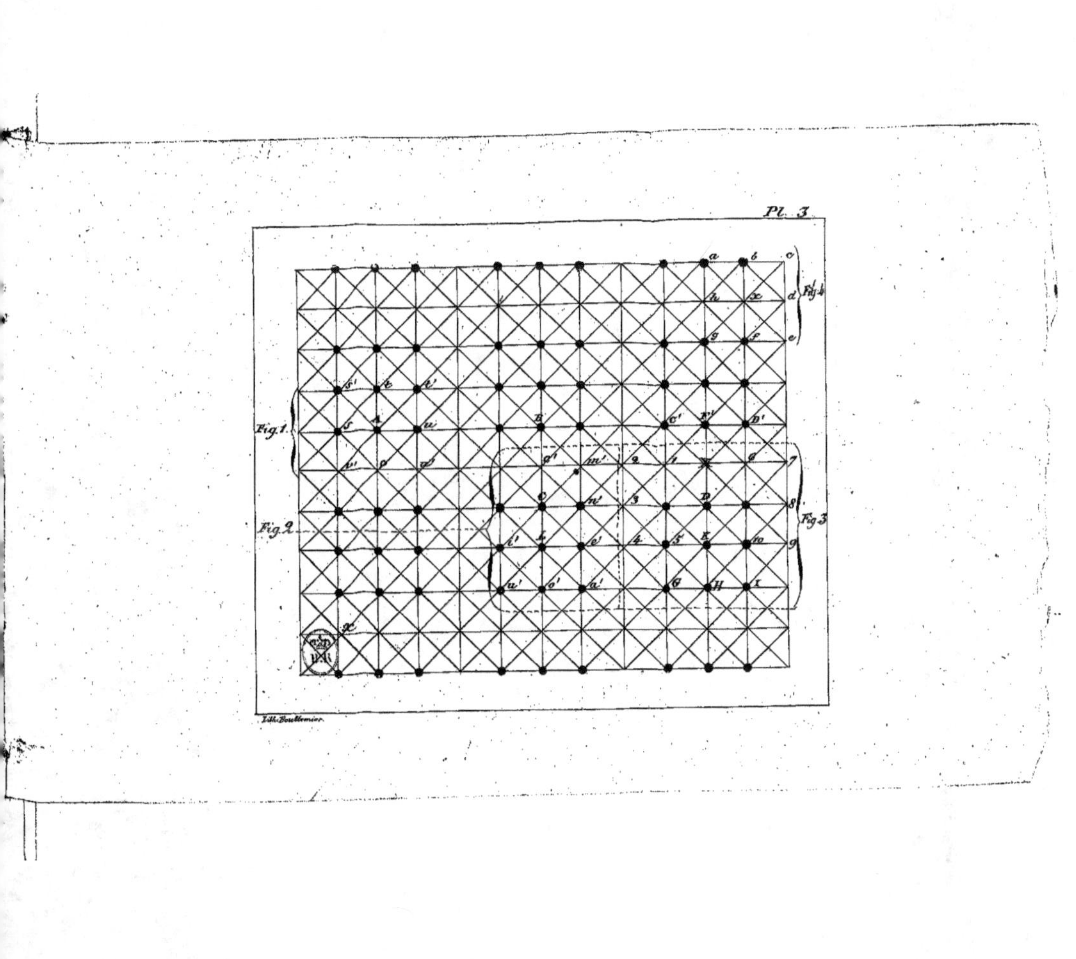

Pl. 3
Fig. 1
Fig. 2
Fig. 3
Fig. 4

www.ingramcontent.com/pod-product-compliance
Lightning Source LLC
LaVergne TN
LVHW020212030726
842520LV00003B/1030